「対人不安」って何だろう？

友だちづきあいに疲れる心理

榎本博明 Enomoto Hiroaki

JN165931

★——ちくまプリマー新書
293

目次 * Contents

挿絵　加藤桃子

はじめに

友だちといると楽しいのだが、どこかで気をつかっている。みんなとおしゃべりを楽しんでいたはずなのに、一人になるとなぜかホッとする。そんなとき、友だちづきあいに気疲れしている自分に気づく。

友だちと話していても、「うっかり傷つくようなことを言わないように」「楽しい話をしなければ」「場違いなことを言わないように」と気をつかう。友だちの反応が思わしくないと、「気に障《さわ》るようなことを言っちゃったかな」「一緒にいてもつまらないのでは」と気になって仕方がない。そんなふうだから、なかなか思ったことを率直に口に出せない。

今日はちょっと疲れているから早く帰ろうと思っても、放課後にみんなでしゃべっていると、自分だけ抜けるわけにもいかず、結局いつも通り最後までつきあい、帰ってからドッと疲れが出る。仲間はずれにされたくない、嫌われたらどうしようといった思いが強くて、友だちにさえ言いたいことも言えない。

どうしても周りの目を気にしてしまい、自由に振る舞えない。


　このような心理には、多くの人が共感できるのではないか。

　僕は、大学生を相手に心理学の授業をしているが、対人不安の話になると、日頃まったく授業に関心のなさそうな学生たちまでもが熱心に聴き入り、授業時間の最後の一〇分間レポートにいつもは二～三行しか書かない学生たちでさえ一〇行も二〇行も書いたりする。「まるで自分のことを言われているみたいだった」「みんなもそうなんだと聞いて安心した」などと、対人不安の話に触発されて頭の中を駆けめぐった思いを書き記す。

　それほどまでに、だれもが友だちづきあいに気をつかっているのだ。日頃、改めて意識することはなくても、心の中に対人不安を抱えている。

　そこで本書では、対人不安とはどのような心理なのかを具体的に解き明かすとともに、人に気をつかう自分を活《い》かしつつ対人不安を和らげる方法について考えていくことにしたい。

友だちづきあいを楽しみながらもどこかで気疲れしている自分の日常を振り返りながら、以下の各章を読んでほしい。友だちづきあいをめぐるいろんな出来事が思い出され、そのときの自分の思いが鮮やかによみがえってくるだろう。

まずは対人不安の様相やその背後にある心理メカニズムについての記述を刺激にして、自分の思いを掘り起こしてみよう。きっと日頃の生きづらさを和らげるための何らかのヒントが見つかるはずだ。

第1章　友だちづきあいに疲れる自分

楽しいけど、なぜか疲れる

学校で馴染《なじ》みの友だちとしゃべったり遊んだりするのは楽しい。入学したばかりの頃や、クラス替えした直後など、休み時間に気軽に声をかけ合える友だちがいないときは、なんだか居場所のない感じがして落ち着かない。

けっして人間嫌いなわけではない。いや、むしろ何でも話せる親しい友だちがほしいと思っている。実際、友だちと話していると、楽しくて時を忘れることさえある。

それなのに、学校からの帰り道、一緒の方向に帰る友だちとおしゃべりで盛り上がった後、別れて一人になると、なぜかホッとする自分がいる。ドッと疲れが出たりする。そんなとき、自分は楽しくしゃべっているつもりでも、人と一緒にいると、どこか無理をしてるんだなあと気づく。

「それ、すごくわかる！」
「そういう感じ、自分にもある」
という人がけっこう多いのではないだろうか。

僕の小中学校時代も、いつもそんな感じだった。それほど親しいわけではない友だちと学校の行き帰りに一緒になったりすると、何をしゃべろうかと必死になって考えながら、何とか沈黙を埋めようとした。

そんなふうだから、人と一緒にいるとけっこう気疲れした。自分は人づきあいにものすごく気をつかうから疲れるんだなと、その頃から漠然と感じていた。実際、今でも人には気をつかうほうだ。

だから、それほど気をつかわずにだれとでも気軽に話せる友だちをみると、とても羨《うらや》ましく思ったものだ。

人の言葉や態度に過敏に反応する自分

学校でおしゃべりをしているときは楽しいのに、なぜそんなに疲れが溜《た》まるのだろう。そう思って、友だちと一緒の場面を振り返ってみると、じつは無意識のうちに友だちの反応をとても気にしている自分がいることに気づく。

友だちが口にする言葉や口調。表情やしぐさ。何気なく見せる態度。そういったものに非常に過敏になっており、常に相手の顔色をうかがっている。

自分が何か言うたびに、

「今の発言、大丈夫かな」

「イヤな感じを与えてないかな」

などと、相手の反応を気にする。ちょっと様子がおかしいと感じると、

「気分を害したのではないか」

「傷つけちゃったかも」

と気になってしまう。相手のちょっとした言葉や態度にビクッとする。

そんな経験を始終しているものだから、傷つけないようにしなければ、反感をもたれ

ないように気をつけなければと思うあまり、気軽に話しかけることができない。

友だちの様子が気になるのは、傷つけないようにとか反感をもたれないようにと思うからだけではない。自分の話がつまらないのではないか、相手は退屈しているのではないかといった不安もある。

いつもみんなの輪の中心になっている人気者の友だちは、そんな不安を感じることなどないのだろうが、話術に長《た》けているわけではなく、どちらかというと内気で口べたなため、自分といても楽しくないのではないかと思ってしまう。

とくに二人っきりでしゃべっているときなど、

「つまらないヤツって思われてないかな」

「うんざりしてないかな」

と気になってしまい、場を盛り上げようと、ついウケ狙《ねら》いの言葉を発する。

そんなふうだから、僕は、けっして孤立していたわけではないし、つるむ友だちもいたものの、友だちとのおしゃべりを心から楽しむ余裕などなかった。楽しいのは事実なのだが、たえず気をつかうことで神経をすり減らしていた。

このような話を授業の中でするると、授業後に学生たちが、友だちと一緒にいて楽しいはずなのに、別れた後ドッと疲れが出ることが多いのだけど、その理由がわかった、自分はだれとでも自然に仲良くなれると思っていたけど、けっこう友だちにも気をつかっていることに気づいた、などと言いに来る。

なかには、友だちを傷つけないように、友だちの反感を買わないようにと気をつかうだけでなく、友だちの期待に応《こた》えようと無理して合わせてばかりで、「こんなのが友人関係なのだろうか」と苛立《いらだ》ったり、絶望的な気持ちになったりすると、心の中の葛藤を吐露する人もいる。

幼い頃から思いやりをもつようにと言われてきたせいか、僕たちの心の中には、相手をガッカリさせたくない、相手を傷つけてはいけない、相手の期待に応えなければ、といった思いが強く刻まれている。

それはもちろん悪いことではないし、望ましいことのはずなのだが、それにとらわれすぎることが生きづらさにつながっていく。

無神経な友だちにハラハラしたり、苛立ったり

このように、神経過敏ゆえになかなか思うことをはっきり言えず、何か言った後も相手の反応が気になって仕方がないという人に対して、よく言われるのが「そんなの気にしすぎだよ」「気にするな」といったアドバイスだ。

でも、「気にしすぎだ」「気にするな」と言われて気にしないようになれるなら、だれも苦労はしない。気にしない方が楽だと頭ではわかっていても、どうしても気になってしまう。だから疲れるのだ。

このように神経過敏で相手の反応を過度に気にするタイプは、気にせずにはいられない自分を持て余すだけでなく、気にしない人、言ってみれば無神経な人に対する違和感を抱えている。

周囲の反応をあまり気にせずにものを言う人物は、一緒にいる友だちが気にしそうな

ことも平気で言うため、その友だちの反応が気になり、

「今の発言、大丈夫かな。傷ついたんじゃないかな」

とハラハラしたり、

「なんて無神経なことを言うんだ。もう少し気をつかえよ」

とイライラしたりする。


気にしないタイプと一緒にいると、どうしてあんなことを平気で言うんだ、何であんな失礼な態度がとれるんだ、と反発を感じることが多い。相手の気持ちを考えずに言いたいことを言う自己中心的な態度に呆《あき》れる。

それでわかるのは、神経過敏で人に気をつかいすぎて疲れるタイプは、気にしなければ楽なことはわかっていても、気にしない自分になろうなどとは思っていない、ということだ。むしろ、「あんな無神経な人間にはなりたくない」と思っている。

では、どうしたらよいのか。それを考えるのがこの本の目的といってよい。

「間がもたない」という感覚

僕が心理学に惹《ひ》かれたのは、自分自身が人間関係に気をつかいすぎて疲れてしまうタイプだったからかもしれない。表面上は明るくはしゃいでいるように見えることがあっても、いつもものすごく気をつかっている自分がいた。

大学教員になってからは、心理学が専門ということで、カウンセラーをやることもあり、いろいろな学生たちの悩みを聴いてきたが、そうした悩みに共感できるのも、自分自身がいろいろなことを気にするタイプだからだろう。

学生の悩みで多いのは、やはり人間関係がうまくいかないというものだ。

アルバイト先での悩みを抱えてやってきた学生がいた。せっかく慣れてきたアルバイトをやめようか続けようか迷っているという。だが、そこでの仕事自体に不満があるわけではない。仕事中はよいのだが、休み時間が苦痛なのだという。

休み時間になると休憩室でみんなでコーヒーを飲んだりしながら雑談をするのだが、そこで何を話したらよいかわからず緊張する。間がもたず、逃げ出したくなる。でも、仕事自体に不満はないため、やめるかどうか悩むのだ。

部活をやめるかどうか悩んでいるという相談もあった。このまま何もしないで卒業してしまうのではあまりに淋《さび》しい学生生活になってしまうと思い、部活に入った。活動そのものは楽しいのだが、部室でみんなで雑談する時間が苦痛で仕方がない。何をしゃべったらいいのだろうと思って緊張するばかりで、楽しいどころか苦痛なだけで、逃げ出したくなる。でも、ここで逃げたら、ほんとうに淋しい学生生活になる。それで悩んでいるというのだ。

授業に出られなくなったというある学生も、やはり休み時間が苦痛でたまらず、授業に出られなくなったのだという。大学になると、高校までと違って、受ける授業も人によって異なり、教室の座席も決められていないため、前後や隣の席によく知らない学生が座っているのがふつうである。まったく知らないなら、電車に乗っているときのように完全に無視できる。でも、同じ学科の学生が同じ授業を受けるのはよくあることで、顔や名前を知っている場合は、あまり親しくないからといって無視するわけにもいかない。そこで不安が頭をもたげてくる。

「何か話さなければ」「何を話せばいいんだろう」「もし話しかけてきたら、どうしよう」といった思いが渦巻き、先生が来て授業が始まるまで、そうした「間がもたない」感覚に苛《さいな》まれる。それが嫌で教室に入れなくなったのだという。

そこまで極端でなくても、人に気をつかうタイプは、休み時間のような自由におしゃべりを楽しむ場に弱い。仲の良い友だちならよいが、顔見知り程度の友だちと学校の行き帰りに一緒になると、どうにも気詰まりでしようがない。そんな感覚を味わったことのある人も多いのではないだろうか。

新学期が近づくと、「気の合う子はいるかなあ」「よく知らない子ばかりだったら、どうしよう」と不安でたまらず、眠れなくなる。そして、いざ新学期になって、親しい友だちが同じクラスにいないと、「休み時間に何をしゃべったらいいんだろう」と気をつかって疲れてしまい、授業に集中できない。そのような経験も、けっして珍しいことではないはずだ。

無理してはしゃぐ自分

人づきあいに気をつかうのは、べつに控え目で無口な人物に限らない。みんなと一緒の場でいつもテンション高くはしゃいでいるムードメーカー的な人物にも、じつは気をつかいながら無理をしておちゃらけているタイプもいる。

教室で、場を盛り上げなければと思ってテンションを上げてはしゃぎ、帰り道で一人になって、「ちょっとやりすぎたかなあ」と振り返り、自己嫌悪に苛まれたりする。じつは、僕もそんなふうだった。

ピエロを演じている人物を見て、周囲の人は、

「あんなにはしゃいじゃって、能天気なヤツだなあ」

と呆れたり、

「何だかいつも楽しそうで、お気楽でいいよな」

と羨んだりしがちだが、本人はけっして能天気でもお気楽でもない。周囲に溶け込もう

という一心でテンションを上げているのである。何もしないでいると周囲に溶け込めるような気がしない。うっかりすると浮いてしまう。ゆえに、無理をしてはしゃぐことになる。

つぎの文章には、そのような人物がやや極端な形で描写されている。

「自分は隣人と、ほとんど会話が出来ません。何を、どう言ったらいいのか、わからないのです。

そこで考え出したのは、道化《どうけ》でした。

それは、自分の、人間に対する最後の求愛でした。自分は、人間を極度に恐れていながら、それでいて、人間を、どうしても思い切れなかったらしいのです。そうして自分は、この道化の一線でわずかに人間につながる事が出来たのでした。おもてでは、絶えず笑顔をつくりながらも、内心は必死の、それこそ千番に一番の兼ね合いとでもいうべき危機一髪の、油汗流してのサーヴィスでした。」

「（前略）人間としての自分の言動に、みじんも自信を持てず、そうして自分ひとりの懊悩は胸の中の小箱に秘め、その憂鬱、ナアヴァスネスを、ひたかくしに隠して、ひたすら無邪気の楽天性を装い、自分はお道化《どけ》たお変人として、次第に完成されて行きました。

何でもいいから、笑わせておればいいのだ（以下、略）」（太宰治《だざいおさむ》『人間失格』新潮文庫）

これは、お馴染みの太宰治の『人間失格』の一節である。この作品は、太宰自身の内面性を忠実に描いた精神的な自叙伝とされている。

道化によって周囲に溶け込むことができた主人公は、やがてクラスの人気者になっていく。

「何せ学校のすぐ近くなので、朝礼の鐘の鳴るのを聞いてから、走って登校するというような、かなり怠惰な中学生でしたが、それでも、れいのお道化に依って、日一日とクラスの人気を得ていました。（中略）演技は実にのびのびとして来て、教室にあっては、いつもクラスの者たちを笑わせ、教師も、このクラスは大庭さえいないと、とてもいい

クラスなんだが、と言葉では嘆じながら、手で口を覆って笑っていました。」（同書）
さらに、道化によって周囲に受け入れられようとしたということだけでなく、相手の気持ちを思いやってついほんとうのことを言えなくなってしまうという心理についても、『人間失格』の主人公は告白している。
「どうせ、ばれるにきまっているのに、そのとおりに言うのが、おそろしくて、必ず何かしら飾りをつけるのが、自分の哀しい性癖の一つで、それは世間の人たちが「嘘つき」と呼んで卑しめている性格に似ていながら、しかし、自分は自分に利益をもたらそうとしてその飾りつけを行った事はほとんど無く、ただ雰囲気の興覚めた一変が、窒息するくらいにおそろしくて、後で自分に不利益になるという事がわかっていても、れいの自分の「必死の奉仕」、それはたといゆがめられ微弱で、馬鹿らしいものであろうと、その奉仕の気持ちから、つい一言の飾りつけをしてしまうという場合が多かったような気もする（以下、略）」
あとで自分が追い込まれることになるとわかっていても、目の前の相手と気まずくなるのが怖くて、サービス精神を発揮して、つい余分なことを言ってしまう。そんな自分の哀しい性癖に気づいていながら、そうした行動パターンを捨てることができない。

この作品が若い人たちの心に響き、太宰治という作家がいつの時代も多くの若者たちに人気があるということは、若い頃には人とつながることに困難を感じがちだということをあらわしているのだろう。

それは、思春期から青年期にかけて自意識が高まり、人と自分を比べて自分がちっぽけに感じられて自己嫌悪に陥ったり、自分が人の目にどのように映るかを気にしたりするようになるという、青年心理学的知見とうまく符合する。

青年期的心性を生き続けた太宰であるが、その自意識の強さは、妻であった津島美知子《つしまみちこ》の回想でも触れられている。太宰のことを身近に見ていた津島は、太宰がいつも自分をみつめている人だったとし、つぎのように記している。

「風景にもすれ違う人にも目を奪われず、自分の姿を絶えず意識しながら歩いてゆく人だった。連れ立って歩きながら、この人は「見る人」でなく「見られる人」だと思っ

た。」（津島美知子『回想の太宰治』講談社文庫）

自分のキャラが窮屈に感じられる

若者はキャラという言葉をよく使うが、若者に限らず、だれもが場によって自分の出し方を調整している。

こういう相手には、こんな自分を出し、ああいう相手には、また別の自分を出すというように、その場その場にふさわしい自分を出すように心がける。まじめな自分で行くか、楽しくはしゃぐ自分で行くか、それはその場の雰囲気や日頃の人間関係をもとに判断する。

これが空気を読むということだが、場の空気を読み、それに合わせて自分の出し方を調整するのは、非常に気をつかう作業になる。だが、もし自分のキャラが決まっていれば、それを出せばよいのだからとても楽だ。

もちろん、場によって微妙にキャラが違うというのがふつうだ。ゆえに、教室でのキャラ、とくに親しい友だちとの間でのキャラ、近所の友だちの間でのキャラ、塾の仲間の間でのキャラというように、複数のキャラを使い分けるのもよくあることだ。

実際、キャラがあることで集団の中での自分の立ち位置がはっきりするので、自分の出し方に頭を悩ます必要がないから便利だという声や、自分のキャラをもつことで友だちとのコミュニケーションが取りやすくなるという声もある。

ある学生は、気をつかいすぎて、人づきあいに苦手意識をもっていたが、大学に入ってグループの中でキャラを設定されてから、友だちづきあいが楽になったという。

「僕は、昔から場の空気を読むのが苦手で、こんなことを言ったら浮いちゃうかなと気にしすぎるところがありました。それでなかなかしゃべれず、しゃべったとしても、あんなことを言って大丈夫だったかな、場違いじゃなかったかなって、あとになってから気に病んだりして、高校時代は気をつかって、すごく疲れました。でも、大学に入ってからできた仲間の間では、いつの間にかそれぞれのキャラが決まってきて、僕にも自分のキャラができました。その仲間たちといるときは、そのキャラを出していればいい。

だから、以前みたいにどんなふうに自分を出そうかと迷わなくていいから、すごく楽になりました」

自分の出し方をうまく調整する自信のない人物にとっては、キャラは強力な武器となる。とりあえずキャラが決まっていれば、自分が人からどのように見られているか、どのように振る舞うことを期待されているかがはっきりするため、自分の出し方に迷うことがなくなる。

さらに、キャラに則《のっと》って行動していれば、うっかり場違いなことを言ったとしても大目に見てもらえるという利点もある。たとえば、「天然キャラ」なら、適当に話を聞いて勝手なことを言っても、「天然だから」と許される。「辛口キャラ」なら、きついことを言ってストレス発散をしても、「辛口キャラだから」ということで、とくに目くじら立てられることはない。「クールキャラ」なら、ちょっと気取った感じになった場合も、「クールキャラだから」と受け入れてもらえる。

その一方で、キャラに縛られ、自由に振る舞えないということが起こってくる。キャラのイメージに沿った行動を取ることによって仲間から受け入れられる。どんな行動がその場にふさわしいかにいちいち頭を悩ませずにすむ。そういったメリットがあるものの、キャラの拘束力はとても強力なため、窮屈な思いをさせられることがある。

たとえば、優等生キャラで通っている人も、ときにみんなと同じように思い切り羽目を外したい気分になることだってある。いつもはもの静かで落ち着いたキャラなのに、大声ではしゃいだり、ふざけたりしたくなることもある。でも、そんなことをしたら、「らしくない」ということで、周囲の仲間たちを驚かせてしまうので、衝動にブレーキをかけ、自分のキャラにふさわしく振る舞わなければならない。

キャラには便利な面があると同時に、そうした不自由さがつきまとう。

とくに周囲の反応に過敏なタイプは、環境の変化に弱い。進学したり、新学期になってクラス替えがあったりすると、自分を抑えつつ周囲の様子を窺《うかが》うことになる。そのため、周囲からはまじめでおとなしいキャラとみなされやすい。本来、遊び心が豊かで、ノリの良いタイプの場合などは、新たな環境に馴染まないうちにつくられたキャラのせいで、悪ふざけができず、ノリの良さを発揮することもできずに、非常に窮屈な思いをする。

逆に、周囲に溶け込もうとして道化役を演じた場合などは、まじめな自分を出せないきつさがある。いつもみんなを笑わせている人物も、何か悩みごとができ、深刻な気分になることだってある。そんなときも、教室に入ったとたんに、バカな冗談を連発してみんなを笑わせる。そんな自分に嫌気がさすこともある。

いつも元気で明るいキャラとみなされてしまうと、内面をほとんど出せなくなる。だれだって内面を振り返れば、不安があったり、迷いがあったりするものだ。だが、そんな暗い面はおくびにも出せない。無理して明るく振る舞っているうちにそれが自動化し、意識的に無理をしなくても、友だちといるときは元気で明るいキャラになる。そのおかげでみんなで楽しむ場には呼ばれるが、二人っきりでホンネの話ができる友だちができない。どんなに落ち込むことがあっても、いつも笑顔でおちゃらけて、周囲を笑わせ、場の盛り上げ役を引き受けている。そんな習性を身につけてしまった自分が悲しいという人もいる。

人づきあいをスムーズにしてくれるはずのキャラに首を絞められる。ここにも自分をうまく出しながら周囲に溶け込むことの難しさがある。

自分の言動を振り返って自己嫌悪

このように人間関係というものは非常にややこしい。大人の世界の人間関係には仕事上の利害が絡みややこしいなどと言われるが、子どもや若者の世界の人間関係もそれに劣らずややこしい。だから、相手が友だちであっても、人づきあいには神経をつかう。

夜、寝床にはいると、昼間友だちに言われた言葉の意味をめぐってあれこれ考えたり、自分の言った言葉を思い出して「傷つけちゃったんじゃないか」「気分を害さなかったかな」と気に病んだり、友だちの様子を思い出して「自分ばかり話しすぎたんじゃないか」「退屈していたんじゃないか」などと気にしたりしているうちに、なかなか眠れなくなる。そんな経験はだれにもあるのではないか。

実際、夜寝る前に、昼間の出来事を反芻《はんすう》して、友だちの言動や自分の言動、友だちの様子をチェックするのが日課になっているという人も少なくない。

自分の言動を振り返れば、だれでも周りからどう思われただろうかと不安になるものだ。後になってじっくり考えれば、「ああ言えば良かった」「こんなふうに言うべきだった」「ああいうことは言わない方が良かった」などと、より適切な反応の仕方を思いつくだろうが、その場では咄嗟《とっさ》に最善の反応ができるものではない。

実際、僕も、昼間の自分が言った言葉や取った態度を思い出して、「ギャッ！」と言いたくなるほど恥ずかしくなったり、自己嫌悪に陥ったりしたものだ。じつは、今でもそうだ。自分の言動を振り返ると、たいてい「あれはちょっとまずかったかもしれないな」「こういう言い方をすれば良かった」などと後悔し、「なんであんな言い方をしたんだろう」と自己嫌悪に陥る。

思春期の自我の目覚め以来、自己意識をもち、たえず自分自身と向き合いながら生きるようになる僕たち人間にとって、昼間の自分の言動を振り返って自己嫌悪に陥るのは、

まさに宿命のようなものだ。

でも、自己嫌悪する自分がいるということは、より良い自分になりたいという意思があることの証拠でもあるので、けっして悲観すべきことではない。

「間柄の文化」だからこそ人に気をつかう

このように人づきあいに非常に気をつかうのは、けっして特殊なことではなく、日本文化のもとで自己形成してきた人にとってはごく自然なことと言える。まさにそこに日本文化の特徴があらわれている。

日本人は自己主張ができないとか、ディベートが苦手だとか、まるでそれが欠点であるかのように言う人がいる。

だが、はっきりと自己主張できないのも、相手の気持ちや考えていることがわかるし、相手の立場がわかるから、一方的にこっちの言い分を押しつけるようなことができないからだとも言える。

相手が何を望んでいるか、どう感じているかばかりを気にするのも、相手の期待に応えたいから、つまり自分自身の満足よりも相手の満足を優先させようとするからだとみなすことができる。

言いたいことがあっても言えなかったり、要求があっても遠慮したりするのも、相手に負担をかけたくないし、相手からずうずうしい人物とみられたくないから、つまり良好な間柄《あいだがら》の維持を意識してのこととも言える。

このように僕たちは、常に相手との関係性を意識して行動している。僕たち日本人には、他者から独立した自己などというものはない。相手があって自分がいる。相手との関係を抜きにして自分というものをイメージすることなどできない。

そこで僕は、欧米の文化を「自己中心の文化」、日本の文化を「間柄の文化」と名づけて対比させている（榎本博明『「みっともない」と日本人』日経プレミアシリーズ）。それぞれの文化は、つぎのように特徴づけることができる。

「自己中心の文化」とは、自分の考えを思う存分主張すればよい、ある事柄を持ち出すかどうか、ある行動を取るかどうかは、自分の意見や立場を基準に判断すべき、とする文化のことである。何ごとも自分自身の意見や立場に従って判断することになる。

欧米の文化は、まさに「自己中心の文化」と言える。そのような文化のもとで自己形成してきた欧米人は、何ごとに関しても他者に影響されず自分を基準に判断し、個として独立しており、他者から切り離されている。ゆえに、いつもマイペースなのだ。

一方、「間柄の文化」とは、一方的な自己主張で人を困らせたり嫌な思いにさせたりしてはいけない、ある事柄を持ち出すかどうか、ある行動を取るかどうかは、相手の気持ちや立場に配慮して判断すべき、とする文化のことである。何ごとも相手の気持ちや立場に配慮しながら判断することになる。

日本の文化は、まさに「間柄の文化」と言える。そのような文化のもとで自己形成してきた日本人は、何ごとに関しても自分だけを基準とするのではなく他者の気持ちや立場に配慮して判断するのであり、個として閉じておらず、他者に対して開かれている。ゆえに、たえず相手の期待が気になり、できるだけそれに応えようとするのである。

「間柄の文化」で自己形成してきた僕たち日本人は、「自己中心の文化」の住人である欧米人のように「個」の世界を生きているのではなく、「間柄」の世界を生きているのである。

「I」が「you」に対して独立的に、つまり一方的に自分を出すというのが、「個」の世界のあり方の基本と言える。自分の思うことを伝える際に、とりあえず相手に影響されずに自分の言いたいことを率直に主張する。「個」の世界を生きるなら、それでよい。

だが、「間柄」の世界を生きるとなると、そう単純にはいかない。相手のことを意識し、相手との関係にふさわしいように、相手を傷つけないように、気まずいことにならないように、相手が不満に思うようなことにならないようになどと相手に配慮しつつ、自分の思うところを伝えることになる。「間柄」の世界を生きる僕たち日本人は、双方向の視点をもつわけだ。

私、僕、オレなどの自称詞さえも相手との関係性によって変えなければならないように、持ち前の共感能力を発揮して、相手が何を思っているか、相手が何を望んでいるかなど相手のことに配慮しながら、双方が心地よさを失わないように、その場が気まずい雰囲気にならないように、ものの言い方を調整する。思うことをそのまま言えばいいというように単純にはいかない。

このように間柄の文化の住人は常に相手を意識して行動しているのである。ゆえに、自己主張ができず、ディベートが苦手なのには、文化的に十分な理由があるのだ。僕たち日本人には、他者から独立した自己などというものはないわけだが、だからといって未熟なのではない。日本文化においては、「間柄」のなかで自己のあり方が決まるのだから、他者から切り離された自己の方が、相手のことを配慮できないという意味で未熟ということになる。

学校でディベート教育が取り入れられ、自己主張的なコミュニケーションの練習をさせられている今どきの若者たちでさえ、話し合いの場で自分の意見を主張するのが苦手なことが多い。

学生たちに聞いても、多くの授業で数人で話し合うグループワークが取り入れられているが、よく知らない人たちに対して自分の意見を言うのは難しくて、ごく一部の人が話しているだけで、あとは適当にお茶を濁している感じだという。

よく知らない人に意見を言うのがなぜ苦手なのか。それは、相手の考えや感受性がよくわからないため、配慮するのに失敗するかもしれないからだ。

また、自己主張の教育を受けている今どきの若者たちでさえ、若者特有の今風の婉曲《えんきょく》表現を用いることで相手のことに配慮し、傷つけたり、衝突したりするのを避けようとしている。友だち相手の場合でさえ、日常的に相手に配慮して、ぼかした表現を使う。

たとえば、音楽の話をしてるときも、

「私、それ好き」

と言わずに、

「私、それ好きかも」

とぼかすような表現を使ったりするのも、それが嫌いだったり、別の曲やアーチストが好きだったりする友だちに配慮してのことだ。

日曜に何をして遊ぼうかという話をしているときに、

「映画を観たい」

とはっきり言わずに、

「映画を観たいかも」

と言ったりするのも、他のことをしたい友だちがいるかもしれないからだ。

「人の目」に縛られる苦しさ

友だちづきあいにとくに気をつかうようになるのは中学生くらいからだ。それには、認知能力の発達が関係している。

思春期になると、自分自身を見つめる自分が強烈に機能するようになるため、「あの発言はまずかったんじゃないか」「どう思われただろう」と気になって仕方がない。そして、周囲の反応を気にする。できるだけ周囲から受け入れられるように、自分の言動を調節する。

このように自分自身の言動を調節するために周囲の反応をモニターすることを自己モニタリングという。自己モニタリングを行うことで周囲に受け入れられやすいように自分の言動を調整することができるわけだが、ともすると周囲の反応を気にしすぎるあまり、自由に振る舞えないといったことになりがちである。

たえず周囲の視線を意識し、周囲の期待に応えるように振る舞っている。それが多くの人の日常だ。みんなと一緒におしゃべりしているとき、「今日は疲れてるから、早く帰りたいな」と思っても、

「じゃ、今日はちょっと疲れてるから、帰るね」

と言って自分だけ抜けるということもしにくい。無理してつきあい、「いつまでしゃべってるんだ」「いい加減、切り上げたいな」と、内心イライラしながらも、みんなに合わせて自分もテンションを上げてしゃべっている。悩みごとがあって、大騒ぎするような気分ではないのに、無意味な冗談を言って笑っている。そんな自分を突き放して見て

いる自分がいる。みんなではしゃいでいるときも、なぜか醒《さ》めた自分がいる。

そんなあり方は、大いにストレスとなる。

そこで、「人の目」などあまり気にならずに無邪気でいられた小学校時代に戻りたいと思ったり、気の置けない部活の仲間がいた中学校時代に戻りたいと思ったり、不安に思うことと何でも話し合うことができる親友がいた高校時代に戻りたいと思ったりする。なかには、人とかかわるのがめんどうくさくなったという人まで出てくる。

それほどまでに「人の目」に縛られるのは苦しいことなのだ。

欲求不満が感情の爆発を生む

「人の目」に縛られて自由に振る舞えない。ホンネの部分を抑え込んで、周囲に合わせなければならない。そのストレスによるイライラが、ときに感情の爆発を誘発する。

学校でみんなに無理して合わせ、言いたいことが言えず、内心イライラしているため、家に帰ると溜め込んだ思いが爆発して、つい家族に当たってしまうという人も少なくない。

ふだんはとても穏やかで、人に対する気配りができる人が、何かの拍子に突然キレて、周囲を驚かすことがある。そのようなことが起こるのも、自分の思いを抑え込み、無理して周囲に合わせているからである。

「欲求不満―攻撃仮説」という心理学の理論がある。

欲求不満になると攻撃衝動が強まる。このことは日常生活の場面でだれもが実感するところのはずだが、心理学の実験によっても証明されている。

最初に欲求不満―攻撃仮説を提唱したのは、心理学者ダラードたちである。それは、目標に向けて遂行されていた行動が阻止されると欲求不満が生じ、その解消または低減のために攻撃行動が引き起こされるというものだ。その後、ダラードたちの欲求不満―攻撃仮説に基づいた多くの実験や調査が行われ、その妥当性が支持されている。

たとえば、心理学者バーカーたちは、子どもを対象に、欲求不満が攻撃行動を生み出す心理メカニズムを明確に証明する実験を行っている。

その実験では、最初に子どもたちに部屋一杯のオモチャを見せたが、その際、子どもたちを二つのグループに分けた。

ひとつのグループでは、オモチャを見せた後、オモチャを手の届かないところに置いて欲求不満を起こさせた。オモチャは金網越しに見えるものの、手が届かないため、子どもたちはそれを使って遊ぶことができなかった。しばらくしてから、それらのオモチャで遊べるようになった。

もうひとつのグループでは、オモチャを見せた後、子どもたちはすぐにそれらで遊ぶことができた。つまり、欲求不満を起こさせなかった。

両者のその後の行動を比べると、後者のグループの子どもたちは楽しそうにオモチャで遊んだのに対して、前者の子どもたちはきわめて破壊的で、オモチャを殴ったり、壁に投げつけたり、踏みつけたりといった攻撃行動を示す傾向がみられた。

子どもは、大人と違って衝動を素直にあらわしがちだが、このような実験結果は、欲求不満が攻撃行動を生じさせる端的な証拠と言える。目の前に見えるオモチャですぐに遊べなかった子どもたちは、欲求不満によるイライラが募り、オモチャを殴ったり、投げたり、踏みつけたりというように、攻撃衝動を発散させたわけだ。

この場合は、欲求不満を起こさせたオモチャに攻撃が向けられているが、攻撃の対象が置き換えられることもある。

学校で友だちに嫌な思いをさせられ、欲求不満状態にあるとき、帰宅途中の車内で大きな声で喋《しゃべ》っている人に「うるさい！」と怒鳴ったり、家に帰ってからちょっとしたことで苛立って家族に怒鳴り散らしたりすることがある。いつもは人に文句など言わないのに、コンビニのレジの前に並んでいる際に、手際の悪い店員に苛つき、「何ノロノロやってるんだ」とつぶやいたりすることがある。あるいは、自分の部屋に入ったとたんにカバンを床に投げつけたり、足下のゴミ箱を蹴《け》飛《と》ばしたりと、モノに当たったりすることもある。

そのような場合は、欲求不満を起こさせた人物と何の関係もない人物やモノに対して攻撃衝動をぶつけているわけで、まさに攻撃対象の置き換えが起こっていると言える。

このような置き換えが起こるようなときは、欲求不満によるイライラを発散させたいという攻撃的な衝動が強まっているため、認知の歪《ゆが》みが起こりやすい。

そのため、普段なら気にならない言葉に挑発性を感じ取って「人をバカにするな！」と怒鳴ったり、いつもと変わらないのに「なんでそんな言い方をするんだ！」と文句をつけたりするなど、あらゆる刺激に過剰に反応しがちとなる。これが、後に説明する「敵意帰属バイアス」という認知の歪みだ。

SNSでつながっている「心強さ」と「鬱陶しさ」

「人の目」に縛られるという点に関しては、SNSの影響も非常に大きい。

携帯電話が出始めた頃、外出先でも連絡がつくからとても便利だということで周囲の人たちがもつようになっても、僕は携帯電話をもつことには抵抗があった。どこにいても人に捕まってしまう、一人でいるときの解放感が奪われてしまう。そう思うと、なかなか携帯電話をもつ気にはなれなかった。

だが、時代の流れに抗《あらが》うことはできず、いつの間にか携帯電話を便利に使いこなすようになっていた。それでもSNSで多くの人たちとつながろうとは思わない。

今どきの若者は、子どもの頃から携帯電話やスマートフォンに馴染んでいる。そればかりか、SNSの発達により、たえず友だちとつながって生きている。

かつてなら、学校にいるときは友だちに気をつかい、自分を抑えて友だちに合わせなければならなくても、校門を出て、友だちと別れて一人になれば解放され、自由になった。自分らしく存在することができた。

ところが、今の若者は、学校を離れ、電車に乗っているときも、街に繰り出し一人で買い物をしているときも、家に帰ってからも、いつでもどこでも友だちからのメッセージを気にしなければならない。

メッセージに反応しないと「無視したと思われるかもしれない」「学校で会ったとき、気まずい感じになるかもしれない」と気になる。

他の仲間が反応しているのに自分だけ反応しなかったりすれば、「グループから抜けたいと思ってるんじゃないか」と誤解され、仲間外れにされるかもしれないと不安になる。

それで、一人でいるときも、しょっちゅう友だちからのメッセージをチェックし、急いで反応するようにしなければならない。しかも、表情や声の調子が伝わらない文字によるやりとりゆえに、相手に嫌な印象を与えないように、自分が書き込む文が与えるかもしれない印象をじっくり吟味してから返信しなければならないため、非常に気をつかう。

買い物中も、公園や喫茶店で寛《くつろ》いでいるときも、家で勉強をしているときも、ビデオで映画を楽しんでいるときも、しょっちゅう友だちからメッセージが飛び込んでくるので、何をしていても集中できず、落ち着かない。

旅先でさえ、友だちからのメッセージがつぎつぎに入り、反応しなければならず、解放感がないだけでなく、その場の状況にどっぷり浸《つ》かることができない。せっかく滅多に来られない非日常的な場所にいるのに、スマートフォンを気にするあまり、つい上の空になってしまい、周りの景色をじっくり楽しむことができない。

これでは勉強にも集中できないし、何をしても心からのめり込んで楽しむことができないということで、SNSでみんなとつながっている鬱陶しさを感じる人も多い。「SNS疲れ」という言葉が広まったのも、そのあらわれと言える。

そこで、思い切ってフェイスブックもツイッターもやめたという人も、必要な連絡事項がラインで回ってくるため、なかなかすべてやめるわけにいかないようだ。また、SNSのつながりを鬱陶しく感じているにもかかわらず、だれからもメッセージが来ないと淋しい気持ちになり、かえって落ち着かず、しょっちゅうスマートフォンを気にしてしまうという人もいる。

SNSのせいで、たえず多くの「人の目」を意識していなければならず、鬱陶しく思いつつも、つながっていることによる心強さもどこかで感じている。ゆえに、どんなに鬱陶しくてもやめることができない。

このようにSNSも人づきあいの疲れを助長する道具となっている。

第2章　嫌われるのが怖い

友だちの誘いを断れない

人づきあいのストレスについて学生たちと話し合うと、無理やり相手に合わせなければならないことからくるストレスがきわめて強いことがわかる。しかも、そのようなストレスは中学生や高校生の頃から強く感じているという。

中学生や高校生の頃、放課後に教室でみんなでダラダラ無駄話をするのが日課で、いつも帰ってから「時間を無駄にした」と後悔するのに、つぎの日もまた同じことの繰り返し。つきあいが悪いと思われたくないために帰れない自分に、帰宅してから自己嫌悪する。

友だちからの誘いを断れないという人は非常に多い。中学生や高校生の頃もそうだったが、大学生になった今も変わらないという。むしろ、行動の自由度が高まった分、いろいろと誘われることが多く、不本意ながら誘いに乗ることが多いようだ。

疲れているから帰りたいと思っているのに、ご飯を食べに行こうと言われると一緒に繁華街に行って食事をし、「カラオケに行こうか」とだれかが言いだし、「行こう、行こう」と賛同する声が聞こえると、「今日はちょっと疲れてるから帰るね」と言い出せず、結局カラオケでテンションを上げてしまう。そして、家に帰ってから、ドッと疲れが出てきて、やっぱり断って家でゆっくりすればよかったと後悔する。

友だちから映画に誘われ、興味のない映画を観て、予想通りあまり楽しめない映画で、お金と時間を無駄にしたと後悔する。それなのに、今度は興味のないコンサートに誘われると、またつきあってしまう。そんな自分に嫌気がさす。

興味のないイベントに誘われ、不本意ながら一緒に行く約束をしてしまったときなど、その直後から「断ればよかった。行きたくないな」「なんで断らなかったんだろう」と後悔ばかりしており、行く前から疲れ切ってしまう。

反対に、断られるのが怖くて友だちを誘えないという声も多い。断られたら傷つくし、断られたらどうしようといった不安が強いため、誘うことができない。その結果、友だちの誘いに乗り、友だちに合わせるばかりになってしまう。

誘いを断れないだけでなく、頼み事も断れない。友だちから面倒なことを頼まれたり、嫌だなあと思うことを頼まれたりしたときも、嫌と言えずに引き受けてしまう。

たとえば、いつも授業中まったくノートを取らずにラインをしたりゲームをしたりしている友だちから、いつも試験前になるとノートを貸してと言われる。「なんでこんなサボってばかりの人にノートを貸さないといけないの。絶対に嫌だ」と心の中では思うものの、それを口に出して言うことができず、心ならずも「いいよ」と言って貸してしまう。ものすごく後味が悪いのだが、どうしても頼み事を断る勇気がない。

そんなふうに気をつかうばかりの友だちづきあいのことを考えると、なんだか虚《むな》しくてたまらないのだが、やはり断れない自分を変えることができない。

賛同できないのに、頷いて聞いている

興味のない話題に仕方なくつきあい、笑えないバカ話に大声で笑うなど、無理してみんなにつきあった後などは、かなり疲労感があるものだ。だが、もっと困るというか、自己嫌悪に陥るのは、相手の言うことが間違っていると思うのに、それを言わずに、あたかも賛同するかのように頷《うなず》いて聞いているときだ。

友だちがそこにいない別のグループの友だちのことを悪く言っているのを聞いて、「それは違う。あの子はそんな子じゃない」と心の中でつぶやいているのに、それを口に出せない。それどころか、反射的に頷いてしまっている。

そんなときは非常に気分が悪い。そこにあるのは、悪口を言う友だちに対する憤りではなく、悪口に賛同できないのに頷いて聞いてしまう自分に対する憤りだ。

ときに関係性攻撃に巻き込まれることもある。関係性攻撃というのは、人間関係を悪意で操作しようとすることで、悪い噂《うわさ》を流したり、情報をわざと歪《ゆが》めて流したりして、仲間外れにしたり不信感をもたせたりすることを指す。

ＳＮＳが発達し、多くの人がスマートフォンでＳＮＳをしている現在、ネットによる関係性攻撃はそこらじゅうで行われていると言ってよいだろう。だが、関係性攻撃が行われるのはネット上にかぎらない。

仮想敵をつくることで自分たちの結びつきを強化しようという戦略が、国家でも企業でもよく用いられている。学校の部活などでも、強力なライバル校を意識させることで仲間内をまとめようとしたりする。

そうした戦略が、友だち関係でも無意識のうちに用いられることがある。悪者をつくることで結束を固めようとするのだ。

「Ａさんがあなたの悪口を言ってたよ」

と言われ、Ａさんのことをよく知っている自分としては、「そんなはずはない。嘘《うそ》を言ってる」と思っても、気まずくなりたくないので、あえて反論せずに聞き流してしまう。

それならまだよいのだが、

「ＢさんがＣさんのことを悪く言ってたよ。ひどいと思わない？」

と言われ、「Bさんがほんとうにそんなことを言うかな。なんか怪しいな」と思いながらも、

「それ、ほんとにひどいね。Cさんがかわいそう」

と共感を示してしまう。それどころか、Cさんに会うと、

「Bさんがあなたの悪口を言ってたよ」

と、一緒になってBさんのことを悪く言ってしまう。告げ口をすることで仲良くなろうとする友だちに同調する。そんな自分に嫌気がさす。でも、あえて反論して気まずくなりたくない。

関係性攻撃が身近によくみられ、悪口でつながるなんて見苦しいと思うのだが、それに乗らずに注意などしようものなら、今度は自分が標的にされて悪く言われそうだから、仕方なく同調しているという人もいる。そして、夜中に一日の出来事を振り返って、強烈な自己嫌悪に襲われる。そうした自己嫌悪から自傷行為に走る場合もある。

「バカじゃないの」と言いながら「いいね」を押す

相手の言うことが間違っていてもあえて指摘せず、ちょっと違うなと思っても相手の話の腰を折るようなことをせずに頷いて聞く。それは、相手の気持ちを傷つけないようにという配慮のあらわれでもあるのだが、行きすぎると嫌らしい態度になってしまう。

対面状況と違って、SNSの場合はこちらの様子が相手に伝わらないため、友だちの投稿を見て、「バカじゃないの」とつぶやきながら、「いいね」を押すということがよく行われている。

バカなことをしている本人の写真の投稿を見て、「ほんとにバカだな」と呆《あき》れながらも「いいね」を押す。高級なレストランで食事をしている自分の写真を自慢げに投稿しているのを見て、「なに自慢してるの。気取っちゃって」とイラつきながらも「いいね」を押す。

そこまで呆れる投稿でなくても、日常の食事の写真を投稿している友だちや、自分が買った服の写真をいちいち投稿する友だち、どこかに出かけると必ずそこの風景の写真を投稿する友だちに対して、「なんで自分の食べてる食事をいちいち他人に知らせる必要があるんだよ」「あなたがどんな服を買ったかなんて、だれも興味ないんだよ」「どうして自分がどこにいるかをみんなにつかまれるような投稿をするんだよ」などと批判的な気持ちになりながらも、反射的に「いいね」を押している。

そんなことをしていて気持ちが良いわけがない。欺瞞《ぎまん》的な行動を取っている自分に嫌気がさすのがふつうだ。

でも、相手はそんなことはわからないので、「いいね」がたくさんつくと、承認欲求が満たされ、気分がいい。ほんとうはその「いいね」のほとんどが欺瞞的なものであったとしても。

その逆もある。自分の投稿に対して、みんなが「いいね」を押してくれたり、好意的なコメントを書き込んでくれると、とても気分が良いものだが、じつはその「いいね」のほとんどが欺瞞的なものだったりする。

このように考えると、ＳＮＳというのは相手のホンネが非常に読みにくいコミュニケーションだなと改めて思う。

遠慮しすぎて仲良くなれない

相手に失礼にならないように、相手が気分を害さないようにと気をつかっているのに、それが裏目に出て、心理的距離が縮まらないということもある。

初対面の相手や目上の相手に対して、失礼にならないようにと敬語で丁寧に話すようにしているせいか、なかなか親しげな雰囲気になれない。それに対して、そんな気づかいをまったくせずにいきなりタメ口でしゃべったり、ときにからかったりして、見ていてハラハラする人物の方が、なぜか受け入れられ、仲良くなっていく。

人づきあいにとくに気をつかうタイプは、そうした経験をするたびに、「おかしいじゃないか。なぜあんなずうずうしくて失礼なヤツの方が受け入れられるんだよ」と納得がいかない思いに駆られる。

人づきあいに人並み以上に気をつかうタイプは、子どもの頃からそうした経験をしている。先生はずっと年上の人だから、いつもちゃんと敬語を使って礼儀正しく応対するようにしてきた。それなのに、先生に対しても友だちに対するときのようなタメ口で話す同級生の方が先生のお気に入りみたいになって、しょっちゅう先生とじゃれ合っている。部活でも、先輩に失礼があってはいけないと思い、いつも敬語で礼を尽くしている。ところが、先輩に対しても友だち感覚で話す同級生の方が、なぜか先輩からかわいがられている。

そうした経験を通して、遠慮せずに甘える方が親しくなりやすい、遠慮しすぎるとかえって心理的距離が縮まらないということがわかってくる。それは頭ではわかっていても、どうしても気をつかい、遠慮してしまうのだ。

ホンネの交流ができなくて淋しい

長く学生たちの相手をしていると、時代の流れを感じるが、友だち関係という点で言えば、深く語り合うということがなくなってきているようだ。

さしさわりのない冗談を言って笑ったり、軽い情報交換をしたりするだけで、ホンネをぶつけ合える友だちがいないので淋《さび》しいという相談を受けることもある。

これまでに見てきたように、相手に気をつかって合わせるばかりで、自分をあまり出さずに、相手がこちらに期待している反応を演じる。わざと演じているつもりはないのだが、気まずくなりたくないし、変なヤツと思われたくないので、自然に演じてしまう。

実際、学生たちを見ていると、以前と比べて話さないわけではなく、賑《にぎ》やかにしゃべっているのだが、ほんとうに気になっていることを語り合うという雰囲気ではないことが多いようだ。僕は、そういう場面によく遭遇するため、友だち集団の会話がバラエティ番組化していると、ある著書の中で指摘したことがあるが（『バラエティ番組化する人々──あなたのキャラは「自分らしい」のか？』廣済堂新書）、ウケ狙《ねら》いの発言がやたらと目立つ。

そんなのは虚しいということで、ほんとうに気になることを話したら、空気を乱したらしく、みんなが退《ひ》いたから、もうホンネは言えないと思ったという学生が相談に来たこともある。

そこで思い出すのは、精神科医の大平健《おおひらけん》が指摘したやさしさの変容だ。大平は、若者の間でやさしさが変容していることを指摘し、それを「治療としてのやさしさ」から「予防としてのやさしさ」への変化というように特徴づけている。

お互いのココロの傷を舐《な》めあうやさしさよりも、お互いを傷つけないやさしさの方が、滑らかな人間関係を維持するのにはよいということになったのだという。

かつては、相手の気持ちを察し、共感することで、お互いの関係を滑らかなものにするのがやさしさだった。ところが今では、相手の気持ちに立ち入らないのがやさしさとみなされる。相手の気持ちを詮索しないことが、滑らかな関係を保つのに欠かせなくなっている。そのように説明する大平は、旧来のやさしさが相手の気持ちを察するのに対して、新しいやさしさは相手の気持ちに立ち入らないところに大きな違いがあるという。

このようにやさしさが変容しているとすれば、ホンネの交流がしにくいのも当然と言える。

「治療としてのやさしさ」が主流の時代なら、ホンネをぶつけることでうっかり傷つけてしまっても、なんとか修復できるだろうと信じることができる。ところが、「予防としてのやさしさ」が主流の時代では、うっかり相手の気持ちを傷つけてしまったら、関係がぎくしゃくして修復不可能になりかねない。それを防ぐコツは、お互いに相手の気持ちに立ち入らないことだ。

そうした変化の背景には、傷つくことや傷つけることを極度に恐《おそ》れる心がある。ウケ狙いの発言の応酬を楽しむ分には、ホンネのメッセージが刺さることもないので、傷つくのを防ぐことができる。ただし、それは無難ではあっても、ホンネの交流がないことの淋しさがつきまとう。

つながってはいても、なぜか物足りない

このようにホンネの交流がない淋しさや、つながりに絶えず縛られて気をつかうばかりの鬱陶しさを、だれもがどこかで感じている時代なのではないか。

形の上では繋《つな》がっているのに、どうも気持ちが繋がっていない。みんなでワイワイするのが楽しいのも事実なのだけど、どこか無理していて疲れる。何か物足りない。もっと遠慮なくほんとうに気になることを話せるような相手がほしい。そんな思いを抱えている人が多いはずだ。

学生たちとそのようなことについて話し合ったときも、

「友だちはたくさんいるけど、やっぱり気をつかってるし、無理をしてる自分がいて、正直疲れる。みんなと深くつきあうのは無理だけど、一人でも二人でもいいから気をつかわずにホンネでつきあえる友だちがほしい」

「こんなふうに気をつかうのはほんとうの友だちじゃないんじゃないかって思うんですけど、だからといって今の友だち関係を捨てたら孤立しちゃうし、そんなことできないし、悩んじゃいます」

などといった意見が出て、多くの若者がそうした意見に賛同する。

上辺《うわべ》だけの繋がりは鬱陶しく感じるものの、「思ってることが違って、気まずくなるのも嫌だし……」「ホンネを出して、変なヤツと思われたらいけないし……」「うっかり自分を出して退かれたら傷つくし……」といった思いも強い。このように、お互いに「見捨てられ不安」に脅かされるため、なかなか率直なつきあいができない。

ホンネの気持ちの交流を求めながらも、一歩踏み出す勇気がない。ただ群れることの虚しさと孤立する恐怖の板挟み状態にあるわけだ。

だれもが心の中に抱える「見下され不安」

友だちからきついことを言われたり、嫌な態度を取られたりすれば、だれだって傷つく。感じの悪い友だちといると傷つけられることがあるため、できるだけかかわりたくないと思う。それは当然のことだ。

だが、近頃の若者の友だちづきあいを見ると、また若者と話しあったり、意識調査をしてみたりすると、友だちに傷つけられる前からすでに傷つくことを過度に恐れている感じがある。

人からのアドバイスに対して、「あの上から目線にイラッと来る」といった感受性をもつ若者が増えていることに対して、数年前、僕はその心理分析をしたわけだが（『上から目線」の構造』日経プレミアシリーズ）、そこに潜む心理を「見下され不安」と名づけた。

「見下され不安」とは、人から見下されるのではないか、バカにされるのではないか、軽く見られるのではないかといった不安のことだ。

それはだれもが心の中に抱えているものだが、「見下され不安」がとくに強いと、相手はけっして見下しているわけではなく親切で言ってくれた場合でも、そして実際に助かるアドバイスであっても、こちらに対して優位を誇示しているように感じてしまう。

アドバイスには「教えてあげる」「教えてもらう」といった構図があり、「教えてあげる」人物の方が「教えてもらう」人物よりも優位に立っていると言われれば、たしかにそうかもしれない。でも、「見下され不安」は、アドバイスに限らず、「手伝ってあげようか」といった言葉にも強く反応する。親切で言ってくれたということは頭ではわかっ

ても、「まだできないのか」「能率が悪いな」と言われているような嫌な感じがしてしまうのだ。

「見下され不安」の強い心の目には、親切な態度さえもが見下す態度に映る。その結果、感謝するどころか、「上から目線にイラッと来る」ということになるわけだ。

僕たちが大学生・専門学校生三一〇人を対象に行った意識調査では、「「上から目線」でものを言われてイラッとくることがある」が六四パーセント、「同い年の言葉に「上から目線」を感じることがある」も四〇パーセントとなっており、「上から目線」に過敏に反応する若者が非常に多いことがわかる。

また、「人から見下されたくないという思いが強い」が六八パーセント、「人から認められたいという思いが強い」が七〇パーセントとなっており、多くの若者が人からの評価に不安を抱いていることがわかる。

さらに、僕たちが二十代から五十代の各年代一七五人ずつ、男女それぞれ三五〇人ずつ、計七〇〇人を対象に実施した意識調査では、「人からバカにされたくないという思いが強い」が過半数に達しており、相関分析の結果、人の「上から目線」が気になる人ほど、つぎのような傾向があることがわかった。

①他人に批判されると、それが当たっていてもいなくても無性に腹が立つ
②人からバカにされたくないという思いが強い
③何かにつけて不満に思うことがある
④何をやってもうまくいかないと思うことがある
⑤人と自分をすぐ比較してしまう
⑥仕事（勉強）が嫌でたまらないことがある
⑦人からどう思われているかがとても気になる

これをみても、現状への不満が強く、自信がなくて、「見下され不安」の強い人ほど、「上から目線」に過敏になっていることがわかる。

「見下され不安」が強いと、「上から目線」に過敏に反応するだけでなく、自分を実際以上に大きく見せようとして虚勢を張ることになりやすい。つい話を誇張してしまう。

それをやりすぎてしまい、「あいつはいつも話を盛るからな」と見透かされたり、わざとらしさや必死さからかえって小人物にみられたりする。

相手のちょっとした言葉や態度に過剰に反応して、不機嫌になったり、挑発的な態度を取ったりするのも、「見下され不安」のせいでこっちのことをバカにしていると曲解してしまうからだ。

やっぱり嫌われるのが怖い

こんなふうに見てくると、そこまでして友だちに気をつかい、自分を抑えて合わせるばかりというのは、どうにも滑稽《こっけい》に思えてくる。なんともバカバカしい。夜、家で一人で振り返るとそう思うのだが、また友だちと会うと気をつかい、自分を抑えて合わせるばかりの自分になってしまう。

なぜそうなってしまうのかと言えば、やっぱり人から嫌われるのが怖いからだ。人から嫌われるのではという不安が、過度に気づかいを促し、嫌と言えない自分にさせる。

先ほど触れた大学生・専門学校生を対象とした調査によれば、「人からどう思われているかがとても気になる」は七九パーセント、「人から嫌われたくないという思いが強い」は七二パーセント、「人から嫌われるのではと不安になることがある」は六〇パーセント、「相手からどう思われるのかが気になって、言いたいことを言えないことがよくある」は五二パーセント、「良い人を演じてしまうことがある」は六〇パーセントとなっている。

人からどう思われるかばかりを気にしていたら、気持ちが委縮して伸び伸びとできないし、自分らしさが失われてしまう。自分を出してみて、こっちを嫌うような相手なら、ほんとうの友だちとは言えないし、嫌われたっていいじゃないか。もともと合わない相手なのだから。本を読んだり、新聞やネットの人生相談的なものを見ると、そんなことが書いてある。

それはたしかに正論なのだろう。それでも、人からどう思われるかは気にせずにはいられない。「人は人、自分は自分」と自分自身に言い聞かせようとしても、どうしても割り切れない。やっぱり嫌われるのは怖い。

「嫌われる勇気」という悪魔のささやき

そんな葛藤を抱えているとき、「自分らしく生きるためには嫌われるのを怖れていてはダメだ。嫌われる勇気をもつことが必要だ」などと言われると、そんな気がしてくる。嫌われてもいいと思えれば、どんなに楽だろう。そんな思いになる。

イヤと言えない自分がイヤだ。

落ち込んでるのにサービス精神ではしゃぐ自分が淋しい。

自分の意見も言えず、いつも相手に合わせるだけの自分に自己嫌悪。

つながりが煩わしいのに、離れる勇気がない。

仲間から浮くのがイヤで、流されてる自分が好きになれない。

周りの反応を気にして、さしさわりのない話しかできないのが物足りない。

嫌われるのが怖くて、距離を縮められない。

反発を恐れて言いたいことも言えない自分が情けない。

そうした思いに苛《さいな》まれる人にとって、「嫌われる勇気」という言葉は新鮮だ。「こんなの虚しいし、鬱陶しい。でも嫌われたくない」といった葛藤を抱え、「こんな自分はもう嫌だ。変えられるものなら自分を変えたい」といった心の叫びをあげている人の心に、「嫌われる勇気」という言葉は、とても魅力的に響く。

何かに縛られ、自分の思うような生活になっていない。「人からどう思われるか」ばかりを絶えず気にして、非常に不自由な生き方を強いられている。そんな思いを抱える人にとって、「嫌われる勇気」という言葉は、ある種の救いになる。「そうだ、そんなに人のことを気にしなくていいんだ」「嫌われたっていいって考えれば、もっと自分らしく生きられるじゃないか」と思えば、気持ちが楽になる。

ただし、変に開き直ると、せっかくうまくいっている人間関係を壊すことにもなりかねない。

周囲にうまく溶け込んでいた人物が、いきなりわがままになり、「いったい、どうしちゃったんだ」と周囲を驚かすことがある。無理をして人に合わせることはない、人からよく見られようなどと人の意向を気にする必要はないと思うことで、逆に極端に自分勝手になり、相手に不快感や不信感を与える不適切な行動を取るようになってしまうわけだ。

カウンセリング本を読んだ途端に、急にわがままになる人もいる。

その手の本には、「無理をしなくていい」「自分を抑えるから苦しいのだ」「もっとわがままになっていい」「無理していい人を演じるのはやめよう」「人からよく思われようと思うと自分らしく生きられない」などといった救いのメッセージが書いてあったりする。

それは、あまりに無理をして自分を抑えすぎて、窒息しそうになっている人に向けての救いのメッセージと言える。そこまで無理をしすぎるから疲れてしまうんだよ。もう少し楽に、自然体に構えたらどうだろう。そんな意味で言っているわけだ。あくまでも無理をしすぎて苦しくてしようがないという人に向けてのメッセージなのである。

適度に気配りができている人が、人のことをそんなに気にすることない、もっとわがままに自分を出していいなどと思って、傍若無人《ぼうじゃくぶじん》に振る舞うようなことがあるが、それでは傍迷惑《はためいわく》な存在になるだけだ。

嫌われる勇気をもとうと思うことで、過剰適応気味なのを多少和らげられればよいのだが、いつも自分を抑えすぎているため、適度に自分を出すという感覚がわからない。相手の立場や気持ちと調和させながら自分を出すということがうまくできない。そこでいきなり自分を出そうとすると、ついストレートに出し過ぎてしまう。

人のご機嫌を取るために生きているわけではない。「嫌われたくない」とか「よく思われたい」などと人からの評価ばかりを気にする生き方なんてつまらない。嫌われたっていいじゃないか。もっと自分に正直になろう。そんな気持ちにさせられる。

そう思って自分を抑える手綱《たづな》を緩めても、きちんとした行動が取れるのは、元々よほどバランスのよい心をもつ人だ。ともすると、「もう我慢することはない」と思うことで、非常にわがままな心が前面に出てきて、利己的な衝動が丸出しになってしまうことにもなりかねない。

ここに、「嫌われる勇気」という言葉にうっかり魅せられることの危うさがある。「嫌われる勇気」という言葉は、窮屈な生き方をしている人にとって救いの言葉にもなり得るが、場合によってはこれまでうまくいっていた人間関係を破壊する悪魔のささやきにもなる。そこのところをちゃんと踏まえておかないと、とんでもない目に遭うことになりかねないから注意が必要だ。

第3章　「対人不安」って何？

対人不安とは？

現実に友だちづきあいがあまりない場合も、友だちとはうまくつきあっているという場合も、だれもが心の中では対人関係に不安を抱えているものである。

たとえば、話すことに関して不安がある。よく知らない人や、それほど親しくない人と会う際には、「うまく喋《しゃべ》れるかな」「何を話せばよいのだろう」「場違いなことを言ってしまわないかな」などといった不安が頭をもたげてくるため、会う前から緊張する。

相手から好意的に見てもらえるかどうかが不安だという心理もある。だれだって相手から否定的に見られたくないし、好意的に見てもらいたい。でも、絶対的な自信がある人などいない。そこで、「好意をもってもらえるかな」「嫌われないかな」「うっとうしがられたら嫌だな」などといった不安に駆られ、相手の言葉や態度に非常に敏感になる。

相手からわかってもらえるかどうかが不安だという心理もある。何か言おうとするたびに、「共感してもらえるかな」「変なヤツと思われないかな」「退《ひ》かれたら傷つくなあ」などといった不安を感じるため、気になることもなかなか率直に言いにくい。

このような対人関係の場で生じる不安を「対人不安」という。

心理学者バスによれば、対人不安とは、人前に出たときに感じる不快感であり、つぎのような心理傾向を指す。

① 初めての場に慣れるのに時間がかかる
② 人に見られていると仕事に集中できない
③ とても照れ屋である
④ 人前で話すときは不安になる
⑤ 大勢の人の中では気をつかって疲れる

ほとんどの項目があてはまるという人が多いのではないか。日本人の多くがこのような心理傾向をもつと考えられる。

実際、右にあげた三つのパターンの不安心理の話をすると、多くの学生が共感し、「まるで自分のことのようだ」「自分のことを言われているとしか思えない」「まさに自分の心理がそれだ」といった反応がほとんどとなる。そして、バスの五項目を見ても、そのほとんどが自分にあてはまるという。

心理学者シュレンカーとリアリィは、対人不安とは、現実の、あるいは想像上の対人的場面において、他者から評価されたり、評価されることを予想することによって生じる不安であるという。

この定義は、バスの定義と比べて、対人不安が生じる心理メカニズムにまで踏み込むものと言える。つまり、人からどのように評価されるかを気にするあまり不安が高まる、それが対人不安だというのだ。

対人不安が強いと、対人場面を恐れ、回避しようとする。不安なために、人のちょっとした言動にもネガティブな意味を読み取り、傷つきやすい。対人関係を回避しようとするため、率直なかかわりができず、いざというときに助けになる絆《きずな》ができにくいということもある。

対人不安の話をすると、多くの人が自分も対人不安が強いといって相談に来たり、日頃から感じていることを話しに来たりする。学生に話しても、子育てしている母親たちに話しても、企業の研修で話しても、そのような反応が多い。そして、自分自身について、つぎのように語る。

「だれかから話しかけられたらどうしようという気持ちが強くて、学校ではいつも緊張している」

「進学したり、クラス替えしたりするたびに、うまくやっていけるか不安が強かったけど、未だに慣れないし、就職して新たな人間関係の中でちゃんとやっていけるか不安」

「断られるのが怖くて、友だちを自分から誘えない」

「高校でも大学生になっても、グループができると、その中でしかつきあわない傾向があり、みんな対人不安が強いように思う」

「相手からどう思われるかがとても気になり、自分をさらけ出すことができない」

「相手から好意をもってもらえるか不安で、嫌われないかといつも脅えている」

「相手によく思われたい気持ちが強くて、無理して合わせたり、つまらないと思われないように必死になって喋ったりしている」

「相手のノリが悪いと、やっぱり自分の話はつまらないんだと思い、落ち込んでしまい、ますます気まずい感じになる」

「こんなこと言ったら嫌われ、仲間外れにされるのではと思って、何を話したらいいか悩むことがある」

「自分に自信がないから、思うように言いたいことを言えなくて、ストレスが溜《た》まる」

「不安のあまり汗をかいたり、イライラしたりして、自分の嫌な面が出てしまう」

自分はだれとでもうまくやっていけるタイプだと思っていたけど、対人不安の話を聞くと、たしかに自分にもそういう面があるし、これまで意識したことはなかったけれど、けっこう無理して気疲れしていることに気づいた、という声もある。

このように多くの人が対人不安を抱えているようだが、前章でも見たように、「嫌われたくない」という思いの強い人が非常に多いことがわかる。「こんなことを言ったら嫌われるのでは」といった思いが強すぎるため、言いたいことも言えず、嫌なことも嫌と言えない。嫌われるかもしれないといった不安、いわば「見捨てられ不安」が強い。

友だちと一緒でも心から楽しめない

そんなふうに気をつかうために友だちと一緒にいても心から楽しむことができない。初対面の相手と話すときに気をつかって疲れるのはわかるが、友だちと話していても疲れる自分はおかしいのではないか。そんな悩みを抱えて相談に来る学生もいる。

「友だちといると、ふつうは楽しいんですよね。でも、僕は楽しいっていうより疲れる。僕の言ったことや態度で友だちを不快にさせていないか、いちいち考えながら発言したり行動したりしているから、疲れちゃうんです。だから、家に帰ると疲れが出て、しばらく動けなくなります。なぜ自分は友だちと話すのにこんなにも神経をすり減らすのか。こんなに気をつかっているのに、なぜ親しい友だちができないのか。やっぱり僕はどこ

かおかしいんじゃないか。最近そんな思いが強くて、友だちづきあいがぎくしゃくしてきて、どうしたらいいかわからなくなって……」

このように悩みを訴える学生は、このままでは苦しくてしようがないから、なんとかしてそんな自分を変えたいという。

でも、考えてみれば、相手の反応に一喜一憂したり、相手の反応が気になって気が休まらなかったりするのは、多かれ少なかれだれもが経験することであって、とくに異常なわけではない。友だちづきあいを楽しんでいる人でも、相手の反応は気になるものだ。

友だちが傷つかないように言葉を選ぶ。友だちの反応を見て、気分を害していそうだったら、フォローする言葉を添えるようにする。友だちがつまらなそうな様子だったら、話題を変える。沈黙が続くと気まずいので、何か話さなければといったプレッシャーがかかる。そうしたことは、人づきあいをする上で欠かせない配慮であって、けっしておかしなことではない。

問題なのは、それが行きすぎて友だちづきあいを楽しめないことだ。気をつかいすぎて、何を話したらよいかわからなくなってしまう。神経をすり減らすため、人づきあいを避けるようになってしまう。そんなことにならないようにするには、対人不安とはどういうものなのか、どうしたら少しでも軽減できるのかを知ることが大切だ。

場違いな自分を出してしまう不安

対人不安が強い人にありがちなのは、二人っきりならまだよいのだが、相手が複数いる場が苦手というものだ。大勢の場では気疲れして、楽しいはずの飲み会でさえも全然楽しめなかったりする。

だが、これも度が過ぎなければとくに問題ではなく、だれもが抱える心理と言える。なぜなら、僕たちは相手に合わせる習性を身につけているからだ。相手が傷つくような話題は避けたい。できるだけ相手の期待を裏切りたくない。そんな思いを抱えて人づきあいをしている。

相手によって感受性も違えば、価値観も違う。それによって、どんな話題がコンプレックスに触れるかも、どんな話題を好むかも違ってくる。そのため、相手が複数の場合は、それぞれの人物の反応を注視しながら自分の言動を調整していかなければならないため、非常に神経をつかうのだ。

そういった意味での気づかいはだれもがしている。ただし、対人不安の強いタイプは、相手の反応を気にしつつも、それをうまく読み取る自信がない。そのため場違いな自分を出し、気まずい感じになってしまう。そんな経験をしているために、相手が複数いる場では非常に気疲れするのだろう。

相手によって違う自分が出ているから自分は多重人格なのではないか。自分は裏表のある人間なのではないかと思うと自己嫌悪に陥る。そんな悩みを抱えて相談に来る学生もいる。まじめで誠実であるがゆえに、自分が一貫しない人間、不誠実で調子のよい人間のように思えてしまうのだ。

だが、それはべつに気に病むようなことではない。相手によって違う自分が出ているのは、ごく自然なことなのだ。

心理学の草創期に、定番となる心理学の教科書を執筆したジェームズは、人は自分を知っている人の数だけ社会的自己をもつが、同じ集団に属する人たちからは似たようなイメージをもたれているだろうから、人は属する集団の数だけ社会的自己をもつと言っている。社会的自己とは、わかりやすく言えば、他者からもたれるイメージのことである。

ジェームズの指摘するように、僕たちは所属する集団によって、同じ人物でありながら多少なりとも異なるイメージをもたれているものである。それは、集団によって雰囲気が異なり、出しやすい自分が違ってくるからだ。

二人っきりのときよりも、相手が複数のときの方が気をつかって話しにくいのは、相手によって出している自分が微妙に違っているからだ。

家族といるときの自分と学校で友だちといるときの自分が違うというのは、だれもが経験するところのはずだ。先生の前での自分と友だちの前での自分が違うというのも、ごくふつうのことだろう。好きな異性を前にしたときの自分は、何でも話せる同性の親友の前での自分とはかなり違うのではないだろうか。

そこで、僕は、「自己概念の場面依存性」という考え方を提唱した。自己概念というのは、自分のイメージのようなものだ。自分のあり方は、だれと一緒の場面かによって違ってくる。つまり、自己概念は場面に依存している。ゆえに、自分の様子が場面によって異なるのは当然のことなのだ。

場面によって自分の出し方を変えるというのは、言い換えれば、場面にふさわしい自分を出すということである。それができないと個々の場面に適応していけない。だからこそ、場違いな自分を出しはしないかと気になるのだ。いつも同じ自分でいればよいというのなら、だれも自分の出し方で気をつかったりはしない。

なぜ心を開きにくいのか

自分の経験したことや思っていることを率直に話すことを自己開示という。

友だちにもなかなか率直に心を開けない若者が増えていることから、僕は自己開示の抑制要因についての調査研究を行った。
その結果、自己開示を抑制する心理的要因として、つぎの三つが抽出された。
①現在の関係のバランスを崩すことへの不安
②深い相互理解に対する否定的感情
③相手の反応に対する不安
①現在の関係のバランスを崩すことへの不安というのは、重たい話をもち出して今の楽しい雰囲気を壊すことへの不安や、お互いに深入りして傷つけたり傷つけられたりすることへの恐れの心理を反映するものである。
②深い相互理解に対する否定的感情というのは、友だち同士であっても感受性や価値観が違うものだし、自分の思いや考えを人に話してもどうせわかってもらえないだろうというように、人と理解し合うことへの悲観的な心理を反映するものである。
③相手の反応に対する不安というのは、そんなことを考えるなんて変なヤツだと思われないか、つまらないことを深刻に考えるんだなあと思われたら嫌だ、などといった

心理を反映するものである。

このような思いがあるために、率直に心を開きにくいわけだ。

実際、一五〇名ほどの大学生に、日頃よく話す友だちに自分の思っていることを率直に話しているかどうか尋ねる調査を行ったところ、ほとんどの学生が率直に話すのは難しいと答えているが、その理由として、以上の三つのいずれかをあげている。典型的な反応として、つぎのようなものがみられた。

「相手の反応が気になり、プライベートなこととか、自分の内面については話せない。自分の意見にも自信がなくて、相手に呆《あき》れられてしまうのではと思ったりして、なかなか意見も言えない」

「友だちにホンネを言おうとしても、それを理解してくれなかったときのことを考えると、なかなか話す気持ちになれません。ホンネを言うには勇気がいります」

「みんなはどう考えているんだろうと周りを気にして、自分の考えを言うのはすごく勇気がいる」

「相手がどう思うかを自分は気にしすぎだと思うけど、どうしても気にしてしまう。自分の思うことを素直に言える人が羨《うらや》ましい。よっぽど自信がある人でないと、言えないと思う」

「仲間外れにされる恐怖というか、みんなが自分と違う考えや感じ方をしていたらどうしようといった思いがあって、自分の思っていることをはっきり言いにくい」

「私は、自分の思ったことを率直に友だちに言うというのはできません。やっぱり嫌われるのが怖いから」

「意見が違うと、せっかくの関係が悪化してしまうのではないかと考えてしまい、自分の意見があってもなかなか言えない」

「自分の意見を言える人はごく少数だと思う。自分もその場の雰囲気に合わせた発言をしたり、相手が喜びそうな意見を言ったりする」

「こんなことを言ったら相手が気分を害するのではとか、感受性が違ってたら相手が話しにくくなるかもしれないなどと思い、何を話したらよいかをかなり吟味する」

このように、今の関係を崩すことを恐れたり、相手の反応を気にしたりするあまり、自分の意見や思うことを率直に話せないといった心理が、多くの若者に共有されていることがわかる。

そうした現状に対して物足りない思いがある。自分だけでなく、友だちもさしさわりのない話をするだけの関係を物足りなく思っており、もっと率直にいろいろ話せるようになりたいと思っているかもしれない。そう思ったりもするのだが、自分の側から一歩を踏み出す勇気がない。

そこには、前述の三つのうち、①の「現在の関係のバランスを崩すことへの不安」と③「相手の反応に対する不安」が潜んでいるのである。

人から見られる自己像への不安

対人不安の心理メカニズムを検討したシュレンカーとリアリィは、「自分が人からどのように見られるか」という不安が対人不安の核にあるとみて、対人不安の生起メカニズムについての仮説を提起している。

そこでは、先にも紹介したように、対人不安は、現実の、あるいは想像上の対人場面において、他者から評価されたり、評価されることを予想したりすることによって生じる不安、というように定義されている。

かみ砕いて言えば、現実の対人場面において、他者からどのように評価されているかを想像することによって生じる不安、あるいはこれから人前に出るというときに、他者からどのように評価されるだろうかと想像することによって生じる不安が対人不安である、ということになる。

そして、対人不安を自己呈示に関連づけた生起モデルを提唱している。自己呈示というのは、他者に対して特定の印象を与えるために、自分の情報を調整して相手に示すことである。「こう見られたい」という自己イメージにふさわしい自分の見せ方をすることであり、いわば一種の印象操作だ。

その対人不安生起モデルは、好ましい自己像を示そうという自己呈示欲求が強いほど、また自己呈示がうまくいく主観的確率が低いほど、対人不安は強くなる、というものである。

そのモデルに従えば、人からよく見られたいという思いが強く、かつ人からよく見られる自信がない人ほど、対人不安が強いということになる。ゆえに、対人不安の強い人は、人の目に映る自分の姿が自分が望むようなものになっていない、あるいはならないのではないかといった不安が強い。

これを自己呈示に絡めると、対人不安の強い人というのは、人からよく見られたいという思いは強いのに、効果的に自己呈示ができない人、いわば人の目に映る自分の姿を自分にとって望ましい方向にもっていく自信が乏しい人ということになる。

そこにあるのが評価懸念だ。

友だちとしょっちゅうつるんでいても、不安で仕方がない。どう思われるかを気にするばかりで気が休まらない。相手からどう評価されるかが気になる。否定的に評価されないか不安になる。それが評価懸念だ。

対人不安が強いと、評価懸念が強く意識される。そのため、相手が何気なく口にした言葉やちょっとした態度の変化にも否定的な意味を読み取って、落ち込んだり狼狽《ろうばい》したりする。相手の視線を否定的に解釈してしまうのだ。

たとえば、相手はとくに何とも思っていないのに、相手から変に思われているのではないか、相手を傷つけてしまったのではないかなどと気になる。相手がべつに機嫌を損ねたわけでもないのに、機嫌を損ねたと思い込む。相手の何気ない言葉に勝手に怒りを感じ取ったり、何気ない態度に無視されたとか冷たくされたなどと思い込んだりする。

ときに嫌われているとかバカにされているといった被害妄想的な心理に陥ることもある。そこに働いているのが「敵意帰属バイアス」だ。

「敵意帰属バイアス」とは、他者の言動を敵意に帰属させる認知の歪《ゆが》みのことである。あの人があんなことを言うのは、あるいはあんな態度を取るのは、敵意をもっているからだ、こちらのことを嫌っているからだとみなす認知傾向の歪みのことだ。

他の人なら素通りするような他者の言動にも、いちいち感情的に反応する。嫌われたに違いない、きっと呆れているなどと思い込んで落ち込む。バカにしている、嘲笑《あざわら》っているんだなどと思い込んで腹を立てる。

たとえば、友だちから何か言われたとき、そこに勝手に敵意を感じ取り、「こっちのことをバカにしてるんだ」などと否定的に解釈する。友だちの何気ない言葉や態度に敵意を感じ、「仲間外れにしようとしてる」「こっちのことを嫌ってる」などと悪意に満ちたものと解釈する。そこにあるのが、何でも悪意に解釈する認知の歪みである敵意帰属バイアスだ。

それがあるために、相手には何の悪意もないのに誤解して、勝手に落ち込んだり腹を立てたりする。とくに、自分に自信がなく、見下され不安を抱えている場合は、「バカにされるのではないか」「軽く見られるのではないか」「嫌われるのではないか」といった不安が強いため、人のちょっとした言動にも「バカにしてる」「軽んじてる」「嫌われている」などと敵意帰属バイアスを示し、ますます自信をなくし、人づきあいに消極的になってしまう。

周囲の反応をモニターしつつ自分の出し方を調整する

対人不安の強い人は、自己モニタリングがうまく機能していない。

心理学者のスナイダーは、自分自身の感情表出行動や自己呈示を観察し、それをコントロールする性質には個人差があることを指摘し、そうした個人差を説明する要因として、自己モニタリングという概念を提起した。スナイダーによれば、自己モニタリングとは、自分の感情表出行動や自己呈示を観察し調整することを指す。

言い換えれば、自己モニタリングとは、印象管理の一種で、その時々の対人場面において、どのような振る舞い方が適切かを察知し、自分の言動を調整することである。

自分が他人の目にどのように映っているかを気にする、つまり自分の言動に対する周囲の反応をモニターするのは、自分の言動をその場にふさわしいもの、相手との関係性にふさわしいものに調整していくために必要なことであり、適応のために欠かせない心の機能である。

自己モニタリング傾向の強い人は、自分がどのように見られるかについての関心が強く、自分の行動の適切さに対する関心も強くなる。そのため、自分の言動に対する相手の反応をたえずモニターし、相手のちょっとした感情の動きに敏感に反応して自分の行動を調整しようとする。自己モニタリング傾向が適度にあることは社会適応につながるが、強すぎると気疲れして、ストレスを溜め込むことにもなりかねない。

逆に、自己モニタリング傾向の弱い人は、人からどう見られるかとか自分の言動がその場にふさわしいかどうかにはあまり関心がない。そのため、自分の行動をモニターする傾向が弱く、自分の思うままに発言したり行動したりする。

これまでに見てきたように、対人不安の強い人は、相手の反応を人一倍気にする。それは、自己モニタリングが強く働いていることを意味する。その意味では、人からどう見られるかを気にする対人不安は、それが度を超さなければ、適応的な心理メカニズムとみなすこともできる。

ただし、何ごとにも程度の問題がある。対人不安が強すぎると、自己モニタリングが強くなりすぎて、非常に窮屈なことになる。人の目に自分がどのように映るかが気になるために、たえずモニター画面に自分の姿や周囲の人の様子を映し出してチェックせずにはいられない。

いわば監視カメラをたえず意識しすぎるため、自分が何か言ったりしたりするたびに、自分の言葉や行動が適切だったかどうかが気になり、周囲の反応ばかり窺《うかが》うようになって、ぎこちなくなり疲れてしまう。

それによって対人不安がさらに強まる。対人不安が強いから自分の言動が不適切なのではないかと気になり、自己モニタリングが強まる。ここに強すぎる自己モニタリングと対人不安の相互作用による悪循環が生じる。

それに対して、対人不安がまったくなければ、相手の反応などまったく気にならない。気楽に人とかかわれる。ただし、場にふさわしくない言動をとっても平気であり、相手を不快にさせても傷つけても気にしないということになりかねない。相手が不愉快になっても傷ついても気にならず、周囲から怪訝《けげん》な目で見られても気づかない鈍感なタイプは、対人不安がなく、本人は気楽であっても、けっして適応的とは言えない。

このように対人不安と強く関係している自己モニタリング傾向は、他者の言動の意味を解釈する能力（解読能力）と自分の言動を調整する能力（自己コントロール能力）の二つの側面からとらえることができる。

つまり、自己モニタリングには、他者の反応をみながら自分の言動が適切かどうかを判断する能力と、適切な言動を取るために自分の言動を場にふさわしい方向へと調整する能力の二つの側面がある。

心理学者のレノックスとウォルフは、この二側面に対応させて、他者の表出行動への感受性と自己呈示の修正能力という二つの因子からなる自己モニタリング尺度を作成している。それらがどのような心理傾向を指すのかがわかるように、いくつかの測定項目を例示してみよう（レノックスとウォルフの尺度項目より一部抜粋。筆者訳）。


〈「他者の表出行動への感受性」因子の主な測定項目〉

・相手の目を見ることで、自分が不適切なことを言ってしまったことにたいてい気づくことができる
・他者の感情や意図を読み取ることに関して、私の直観はよくあたる
・だれかが嘘《うそ》をついたときは、その人の様子からすぐに見抜くことができる
・話している相手のちょっとした表情の変化にも敏感である

〈「自己呈示の修正能力」因子の主な測定項目〉
・その場でどうすることが求められているのかがわかれば、それに合わせて行動を調整するのは容易《たやす》いことだ
・どんな状況に置かれても、そこで要求されている条件に合わせて行動することができる
・いろいろな人たちやいろいろな状況にうまく合わせて行動を変えるのは苦手である（逆転項目＝あてはまらない場合に自己呈示の修正能力が高いことになる）

・相手にどんな印象を与えたいかに応じて、つきあい方をうまく調整することができる

対人不安の強い人は、相手の反応をたえず気にしている割には、これらの能力が低いため、自己モニタリングがうまく機能せず、場違いな自分を出してしまったりする。「調子に乗りすぎた」「ちょっと言いすぎた」「ノリが悪かったかも」などと反省し、自己嫌悪に陥る。それによって、ますます相手の反応が気になってしまうのである。

自己モニタリングがわりとうまく機能しており、人の気持ちを敏感に察知して自分の言動を調整できるため、人間関係はうまくいっているという人も、相手の気持ちの変化に注意を集中するのに疲れ、じつは人づきあいに消耗していたりする。

さらには、対面のつきあいと違ってSNSが苦手だという人が多い。それは、相手の表情も声色もわからず、相手の反応が読めないからだ。そのため、持ち前の自己モニタリング能力を発揮できず、自分の言動をどう調整したらよいかが判断できない。それで、

メッセージを送信した後は、相手の意向に沿った反応ができたか、こちらの意図が正確に伝わっているかが心配でならず、相手の反応が返ってくるまで気が気でない。
SNSによるトラブルが多いのは、自己モニタリングがうまく機能しにくいメディアだという事情があるのだろう。

視線恐怖も人への配慮のあらわれ

対人不安はだれもがかかえる心理傾向だが、もうちょっと病的なものに対人恐怖がある。対人恐怖とは、対人場面できわめて強い不安や緊張が生じ、行動がぎこちなくなり、人から変に思われるのではないかと恐れるあまり、対人関係を避けようとする神経症のことである。

インド哲学者中村元《はじめ》は、日本人に対人恐怖症が多いのは、個人に対して人間関係が優越していることに由来するものだろうというが、まさに対人恐怖こそ日本人の心理傾向をよく映し出すものと言える。それは、人間関係に大いに規定され、「人の目」を強く意識する特性と密接に結びついている。

精神医学者木村敏《きむらびん》によれば、対人恐怖という名称自体が日本人による数少ない独創のひとつであり、これに相当する西洋語は元来存在しなかったようだ。

このことは、まさしく対人恐怖という症状が日本人の心理傾向を反映するものである証拠と言える。相手に見られている自分の姿について、病むほどに悩むというところに、「人の目」に強く規定されている日本人の心理的特徴が如実にあらわれている。

対人恐怖の中でも、視線恐怖は日本人特有の神経症であり、海外ではほとんど論じられないと言われる。視線恐怖とは、対人関係に支障をきたすほどに視線が気になって仕方がないという症状に苦しめられる病理をさす。

人の視線が気になり、視線を合わせなければと思うのに、どうしても相手の目を見ることができずに悩むというのが、視線恐怖の典型である。相手の目をまともに見ることができないため、挙動不審に思われるのではないかと気になり、人づきあいが苦痛になる。

自分の視線が気になって仕方がないといった形の症状もある。たとえば、人と話しているときに突然自分の目つきが悪いのではないかなどと気になってきて、ぎこちなくなってしまうため、人と会うのが苦痛になる。

こうした症状が出ることがあるくらいに、日本人にとって「人の目」というのは重要な意味をもっている。

人からどう思われるかが気になって仕方がないからこそ、このような症状に悩まされるのであって、人からどう思われてもいいと思っていたら、「人の目」など気にならないし、視線恐怖に悩まされることもない。そうしてみると、多少なりとも視線恐怖気味になるのも悪いことではないと言えるのではないだろうか。

それは相手のことに配慮する心をもっていることの証拠でもあるのだ。人の気持ちなどどうでもいいと思えば、「人の目」など気にせずに自分勝手に振る舞える。「人の目」＝「相手の思い」を気にすることで利己的な思いにブレーキがかかるのである。

相手との関係性によって決まってくる言葉づかい

この章では対人不安とは何かを探ってきたが、「それ、自分にもある」と思った人が多いのではないか。じつは、対人不安は日本人の多くが抱える心理と言える。このことは日本語の特徴にも深くかかわっている。

日本語では、相手との関係性によって言葉づかいが決まってくる。逆に言えば、相手との関係性がはっきりしないとどんな言葉づかいをしたらよいかがわからない。そうした言語を日常的に用いることで、相手の様子を窺い、相手の気持ちを気づかうようになっていく。

英語の「I」は、一般に「私」と訳される。英語を初めて習うとき、そのように習い、だれもが「I」は「私」のことであるのは当然と思い、疑うことはない。

だが、心理学的にみると、「I」と「私」はまったく違った心の性質をあらわしていると言わざるを得ない。その違いは、「I」と「私」という言葉の使われ方に端的にあらわれている。

英語の「I」というのは、どんな文脈に置かれても「I」である。友だちと飲んで騒いでいるときも「I」、家族団欒《だんらん》の場でも「I」、職場でも「I」、得意先の人を前にしても「I」である。どんな場面でも、「I」は「I」であり、姿形を変えることはない。

それに対して、日本語の「私」は、文脈によってその姿形を変えるのが常である。友だちと飲んで騒いでいるときは「オレ」になり、家族団欒の場では「お父さん」になり、職場でも同僚と話すときは「僕」となり、上司と話すときには「私」であり、得意先と話すときには「私」だったり「ウチ」や「小社」だったりと、文脈によって変幻自在に姿形を変える。

だれの前であろうと「I」は「I」なのだとでも言うかのような英語の「I」の断固たる姿。それに対して、相手がだれであるかによって姿形を変えていく日本語の「私」の揺らぎやすさ、相手との関係性がはっきりしないと形が定まらない不安定さ。それは見事に好対照をなしている。

まるでどんな場面でも自分の意見や要求を堂々と主張する欧米人と、たえず相手の出方を窺いつつ相手に合わせて自分の出方を決めようとする日本人の姿を見るようだ。

こうした対人場面における心のあり方の違いが、言葉づかいに端的にあらわれている。

このような心のあり方の違いと言葉の用いられ方の違いの対応に目を向けると、私たちの心のあり方が言語によってつくられていることがよくわかる。

「I」と「you」もうっかり日本語に訳すと何だか不自然な感じになる。

たとえば、日本語では、「君は僕のことをどう思ってる?」というよりも、「僕のことどう思ってる?」の方が自然だろう。「私はあなたが好きよ」というよりも、「好きよ」の方が自然だろう。

「I」も「you」もいらない言語表現は、まさに主客が溶け合う心をもつ日本流と言ってよい。「私はおかしいと思う」と言うと、何だか相手と切り離されているような感じになるため、「何だかおかしいね」と共感を誘うような言い方をする。「私はこんな風に考えるけど、あなたはどう?」などと言わずに「こんなふうに考えていいのかな」と言うのも、「私はこの景色に感動した」などと言わずに「感動的な景色だね」と言うのも、相手と自分を明確に切り離さない感受性によるものと言える。

たえず相手の視点を意識し、相手の思いや考えを想像し、共有できそうな思いや考えを主語なしでつぶやく文化では、自称詞も対称詞もいらず、主客溶け合った心理状態に漂うようにして対話が進む。

相手を気づかう心理は日本語使用と深く結びついている

このような言語使用をする日本人は、個の意識が希薄だと言われる。それが短所のように受け止められがちだが、けっして悪いことではない。個の意識が希薄だからこそ、相手と自分が切り離されておらず、お互いに共感でき、察し合うことができる。「あの人だったらどう感じるだろう」と想像する習慣が身についているため、共感能力が高いのである。個の意識に凝り固まっていたら、そのように他者の視点に想像力を働かせるのが難しいはずだ。

その証拠として、精神医学者の土居《どい》健郎《たけお》が、アメリカに研修に行った際に、アメリカの精神科医の共感性の鈍さに驚いた経験について述べている箇所を見てみよう。
「（前略）私はその間アメリカの精神科医が実際にどのように患者に接しているかをあらためて観察する機会を与えられた。（中略）その結果アメリカの精神科医は概して、患者がどうにもならずもがいている状態に対して恐しく鈍感であると思うようになった。いいかえれば、彼らは患者の隠れた甘えを容易に感知しないのである。（中略）
普通人ならともかく、精神や感情の専門医を標榜《ひょうぼう》する精神科医でも、しかも精神分析的教育を受けたものでさえも、患者の最も深いところにある受身的愛情希求である甘えを容易には感知しないということは、私にとってちょっとした驚きであった。文化的条件づけがいかに強固なものであるかということを私はあらためて思い知らされたのである。」（土居健郎『「甘え」の構造』弘文堂）
また、心理学の立場から日本語論を展開している芳賀綏《はがやすし》は、面白い例を用いて、日本人の気づかいをあらわす言語表現の微妙なニュアンスを描写している。
「バスの中で、旅行者らしい中年女性と土地の人らしい青年が並んで掛けていた。考え事でもしていたのか、女性は乗り過ごしそうになり、気づくやあわてて降りようとした。その背中へ、後に残った青年がちょっとためらいながら声をかけた。

「アノ、これ、違うんですか?」

女性は席にカバンを一つ置き忘れて降りようとしたのだった。——青年の発話に、相手の呼称も、代名詞も、出現していないのがおもしろい。「小母さん!」とも「あなた!」とも呼べず、「アノ、」となった。そして「小母さんのカバン」でも「あなたのカバン」でも落ち着かない。「これ」ですますことにした。英語ならyour bagと言うのに何の迷いもあるはずがない(後略)」(芳賀綏『日本語の社会心理』人間の科学社)

芳賀は、年齢・性別・親疎など、いくつもの条件を考え合わせたあげく、使う語句を決定しかねると、こんな結果になり、どの語句を選んでも照れ臭さが絡んで口に出せないという心理の微妙さこそ、日本人の対人行動を描くのに欠かせないとしている。

まさに、そこに日本語とそれを用いる日本人の心の微妙な繊細さがある。この青年の気持ちは日本人ならよくわかるはずだ。丁寧語とはいえ年長者に「あなた」と呼びかけるのは失礼に当たる。もちろん「君」とか「お前」などと言おうものなら、あまりに場違いで失礼なことになる。このような相手に対しては、よく考えてみると適切な代名詞がない。そこで、「小母さん」が頭に浮かぶが、もしかしたら気分を害するかもしれない。そうかといって「お姉さん」では嫌味になるだろう。

そうなると、適切な呼びかけの言葉が思い浮かばず「アノ」となり、適切な所有格が見つからず「これ」で済まさざるを得ない。このような言語使用をめぐる心の中の葛藤は、外国人からすればまったく理解不能に違いない。

こうした例からわかるように、ちょっと声を掛けるにも言葉づかいを巡ってあれこれ悩まなければならないほど、私たち日本人は常に相手がどう受け止めるか、相手の気持ちを思いやりながら行動しているのである。

言語学者鈴木《すずき》孝夫《たかお》は、相手がだれであっても「ｙｏｕ」で済んでしまう英語について、徹底した自己中心主義であると指摘している。相手がだれであるかは無視される。二人称代名詞で呼ばれる相手は、自己にとっての相手に過ぎず、相手に即した相手その人ではない。自分の目の前にいる他者から、その一切の個別性を奪って、それが自己に対立する相手であるという、自己本位の契機だけを抽象したものが、西洋の二人称代名詞であるというのである。

相手との関係性に考慮し、相手の気持ちまで思いやらないと言葉づかいも決められない日本語と、相手がだれであれ一定の言葉づかいで済ませられる欧米の言語。そこには、その言語を用いる人の心が見事に映し出されている。

日本語を用いることによって自己形成をしてきた僕たち日本人は、たえず相手の気持ちを気づかいながら接するように習慣づけられており、それが対人不安の心理を生んでいるのである。

ゆえに、対人不安を抱えているからといってなにも悩む必要はない。それは日本人ならだれもが抱える心理であり、けっして異常なわけではない。日本語圏で生きるかぎり、むしろ適応的な心理と言ってよいのだ。

第4章　「人の目」はどんな意味をもつのか？

「人の目」が気になって仕方がない

これまでに見てきたように、人づきあいにおいてはだれもが「人の目」を気にせざるを得ない。初対面の相手やよく知らない相手に気をつかうのは当然だが、友だちづきあいでも同じだ。

何か言おうとするたびに、こんなことを言ったら気分を害するだろうか、どんな反応が期待されているのだろうかと気になる。

何か言った後も、どんなふうに思っているのだろう、気分を害していないだろうか、期待に応《こた》えることができているだろうかと気になる。

楽しげに雑談しているときも、ほんとうに楽しいのだろうか、退屈していないだろうかと気になる。

だんだん親しくなってくるのは嬉《うれ》しいものの、どこまで自分を出したらよいのか、つまらない人間だと思われないだろうか、飽きられないだろうかと気になる。

いつ頃から「人の目」を気にするようになったかを尋ねると、中学生くらいから気になり始めたという学生が多い。それは、認知能力の発達により、自意識が高まり、自分を見つめ、自分が人からどのように見られているかを気にするようになるのが思春期の特徴だからだ。

「人の目」を通して自分自身を見つめるようになる。ゆえに、「人の目」が気になって仕方がないのだ。

友だちと談笑していても、たえず自分がどう見られているかが気になってしまい、顔は笑っていても、心の中は楽しいどころか必死に綱渡りをしている感じになる。とくに、うっかり自分を出し過ぎて相手に退《ひ》かれた経験がある場合は、非常にぎこちなくなる。

友だちづきあいを上手にこなしているように見える場合も、心の中では似たような葛藤が渦巻いている。

中学の頃、クラスの人気者で、アイドル的な存在とみなされていて、友だちからは羨《うらや》ましがられていたという学生も、じつはほんとうの自分を出せずに必死に演技をし続けなければならず、ものすごく生きづらさを感じていたという。

中学生や高校生の頃は、自分の価値はだれと一緒にいるかで決まるといった感じがあり、とくに好きではないけれどクラスの中心的な子と仲良くなろうと必死だったという人もいる。そのおかげで無難に過ごせたけれど、あとで思い返すと何だか無意味な友だちづきあいに必死になっていた気がして、とても虚《むな》しいという。

「人の目」から自由になれたらどんなに楽か

素の自分を遠慮なく出して、だれとでもすぐに打ち解け、仲良くなっていく人を見ると、羨ましくてしようがない。そんな思いを抱える人も少なくないはずだ。

だが、羨ましいと思うこと自体、そのように遠慮なく素の自分を出せる人物とはまったく違う感受性をもっていることの証拠と言える。それは本人も十分承知している。できたらそんな自分を変えたいと思うこともあるが、そう簡単にはいかない。

こんなことを言っていいのかな、どこまで自分を出してよいのだろうなどと気にしすぎることに対して、友だちから「気にしすぎだよ」「そこまで気にすることないよ」と言われる。そんなことは百も承知だ。

でも、「気にするな」と言われて気にしないでいられるなら、だれも苦しんだりしない。「気にしすぎだ」「そこまで気にすることはない」と頭ではわかっていても、どうしても気になってしまう。それで自由に振る舞えない。だから苦しいのだ。

友だちが親切で言ってくれたのはわかっているのだが、心の中でつい反発してしまう。言葉では「そうだよね、気にしすぎだよね」と言いつつも、心の中では「そんなことできるわけないじゃないか」「お前みたいな無神経な人間とは違うんだよ」「あなたみたいな能天気な人にわかるわけない」などと叫んでいる。

なぜ反発するのか。そこには気にしすぎずにうまくやっていける人に対する妬みもあるのだろうが、それだけではない。

「人の目」から自由になれたらどんなに楽かといった思いがあるのは事実ではあっても、「人の目」を気にせずにものを言う人に対する否定的な思いもある。「あれでいいんだろうか。いや、良くないだろう」といった思いがある。

自己モニタリングができていない人に漂う異様さ

「人の目」を気にしすぎて自由に振る舞えないという人は、いわば自己モニタリングがうまく機能していないのだ。自分で自分を縛りすぎてしまう。

一方で、「人の目」を気にしない人も、自己モニタリングがうまく機能していない。自分を客観視しようという姿勢がない。

同じように自己モニタリングがうまく機能していないといっても、その方向性は真逆と言える。

場の空気をまったく読まずに何でも思ったままを口にする人がいる。そんなことを言ったら傷つく人がいるため、「それを言ったらまずいだろうに」と周りの人たちが慌てているのに、そんな様子にはまったくお構いなしにさらに言葉を続ける。

これは止めないとまずいと思い、だれかが話題を変えても、また元の話題に戻そうとする。気まずい空気になっているのにまったく気づかない。仕方なくだれかが「それは言ったらダメでしょ」と口にしても、「えっ、どうして？ なんで言っちゃいけないの？」と、まったく察することがない。

天真爛漫《てんしんらんまん》と言えば聞こえはいいが、人の気持ちにまったく配慮せずに言いたいことを言う身勝手さに周囲の人たちは呆《あき》れかえる。

だれかを傷つけるようなことでなくても、あまり他人に聞かれたくない話というのもある。たとえば、電車の中などでは、あまりプライベートな情報はさらしたくないと思うのがふつうだ。とくにスマホがあれば即座に検索でき、その場で発信できる時代である。うっかり個人情報や個人の事情を話すのは危険だ。

それにもかかわらず、平気で自分たちの学校名や相手の名前、親の職業、住んでいる場所、最寄りの駅など、個人情報を平気で口にする人がいる。相手が嫌がって話題を逸《そ》らそうとしたり、とぼけたりしても、「えっ、違ったっけ？　引っ越したんだった？」などと確認してきたりする。

このように周囲の反応をモニターしながら自分の言動が適切だったかどうかをチェックするという姿勢がまったくない人は、周囲からは呆れた目で見られる。

周囲の反応を気にするタイプは自分自身が困惑し自由に振る舞えないのが苦しいわけだが、周囲の反応をまったく気にしないタイプは、本人は気楽ではあっても、周囲を困惑させるため、けっして適応的とは言えない。

「人の目」から自由になったらどんなに楽だろうと思うことがある人も、そうした自己モニタリングの姿勢がまったくない人物を見ると、「ああはなりたくない」と思う。呆れるだけでなく、ときにその無神経さに憤りを感じることさえある。

相互に依存し合う日本的自己のあり方

人の意向や期待を気にする日本的な心のあり方は、自主性がないとか自分がないなどといって批判されることがある。だが、それは欧米的な人間観に基づいた発想にすぎない。

心理学者の東洋《あずまひろし》は、日本人の他者志向を未熟とみなすのは欧米流であり、他者との絆《きずな》を強化し、他者との絆を自分の中に取り込んでいくのも、ひとつの発達の方向性とみなすべきではないかという。

「(前略) われわれの中におそらく欧米人よりもはるかに強くある役割社会性や他者志向性を、脱亜入欧的な近代化で取り入れたタテマエのフィルターをはずして認識することが必要だと思う。

たとえば日本人の「他者志向性」は、自我の未発達と表裏一体を成すものと見えるかもしれない。けれども他から切れていた方が成熟度が高いと見るのは、開拓社会的な価値観の視点に立ってのことではないだろうか。自己が自己完結的になっていくのもひとつの発達の方向だろうが、他との絆が強くなりそれが自分の中に取り込まれていくのもやはりひとつの発達の方向で、価値的にどちらを上とはいえないのではないだろうか。」

（東洋『日本人のしつけと教育――発達の日米比較にもとづいて』東京大学出版会）

そして、心理学者マーカスと北山忍《きたやましのぶ》による文化的自己観に言及している。

たとえば、自分の特徴をあげさせると、アメリカ人の多くは、積極的とかスポーツ万能といった自分自身の特徴をあげる。それに対して日本人の多くは、社会的所属、地位、お母さん子、長男などといった、人との関係をあげる。

そこからマーカスと北山は、欧米文化においては個々の人間が本質的に離ればなれになっているものなのだという信仰があるため、だれもが他人から独立し、自分固有の特性を発揮するように求められるが、それは普遍的な価値観ではないとする。

日本のような非西欧文化では、自分自身を周囲との社会関係の一部とみなし、かかわりのある他者の思考、感情、行為をどのように知覚するかによって行動が決まる。自分に独自性があるとしても、それは自分がどのような人間関係の中に位置づけられるのかも含めての独自性ということになる。

このような日米の人間観の違いを端的にあらわすものとして、マーカスと北山は、アメリカ的な独立的自己観と日本的な相互依存的（相互協調的と訳されることもある）自己観を対比させている。

独立的自己観では、個人の自己は他者や状況といった社会的文脈とは切り離され、その影響を受けない独自の存在であるとみなす。それに対して、相互依存的自己観では、個人の自己は他者や状況といった社会的文脈と強く結びついており、その影響を強く受けるとみなす。

また、独立的自己観では、個人の行動は内的な条件によって決定されるとみなす。それに対して、相互依存的自己観では、個人の行動は他者との関係性や周囲の状況によって決定されるとみなす。

さらに、独立的自己観では、自分の内的な能力を開発し、納得のいく成果を出すことが自尊心に結びつく。それに対して、相互依存的自己観では、かかわりのある他者と良好な関係を築き、社会的役割を十分に担うことが自尊心に結びつく。

このようにアメリカ的な独立的自己観のもとで自己形成してきた人たちと、日本的な相互依存的自己観のもとで自己形成してきた人たちでは、自己のあり方が対照的と言ってよいほどに違っているのである。

「人と人の間」を生きるということ

「人の目」を気にするというと否定的な響きになるが、「人のことに配慮できる」というと肯定的な響きになる。

欧米流に考えれば、「人の目」に影響されて自分の言いたいことを言えないのは、個として自立していないとして否定的に評価されるはずだ。だが、日本流に考えれば、「人の目」を気にせずに自分の言いたいことを言う方が、人のことに配慮できないとして否定的に評価されることになる。

このように、日本流に考えれば、「人の目」を気にするのは忌むべきことではなく、むしろ必要なことなのだ。なぜそうなのか。そこで目を向けたいのが、僕たちは「人と人の間」を生きているのだということのもつ意味である。

僕は、『〈自分らしさ〉って何だろう?』(ちくまプリマー新書)において、なぜ「人」のことを「人間」と言うのかという疑問に発する哲学者和辻哲郎《わつじてつろう》の考えを紹介した。そこのところに簡単に触れておきたい。

和辻は、日本語の「人間」という言葉が「人」という意味で用いられていることに着目している。「人」にわざわざ「間」をつけた「人間」、つまり「人の間」が、なぜまた「人」の意味で使われるのかというのだ。

和辻によれば、ドイツ語でも、フランス語でも、英語でも、中国語でも、このような混同はみられない。前出のインド哲学者中村も、漢訳仏典における「人間」という言葉について、サンスクリットやパーリ原典について検討してみても、「人々のあいだ」「人々の住んでいるところ」という意味になっており、個人を意味することはないという。

では、なぜ日本語では「人々の間」を意味する「人間」という言葉が「人」を意味するのか。まさにそこに私たちの自己のあり方の特徴があらわれている。

和辻は、「人間」という概念について、つぎのように言う。

「人間は単に「人の間」であるのみならず、自、他、世人であるところの人の間なのである。が、かく考えた時我々に明らかになることは、人が自であり他であるのはすでに人の間の関係にもとづいているということである。人間関係が限定せられることによって自が生じ他が生ずる。」

「人は世間において人であり、世間の全体性を人において現わすがゆえに、また人間と呼ばれるのである。」（共に和辻哲郎『人間の学としての倫理学』岩波書店）

こうしてみると、日本人にとっての自分も、そして相手も、はじめから存在するのではなく、具体的な人間関係の中で自分と相手の形が決まってくるのだということがわかる。

僕たち日本人には、多くの文化にみられるような「個」といった意識は希薄で、自分も相手も「個」として存在しているのではなく、お互いの間柄《あいだがら》を生きているのである。

だから、「人」＝「人間」＝「人の間」＝「間柄」なのである。

僕が、日本の文化を「間柄の文化」と特徴づけている理由もそこにある。僕たちは、「個」として生きているのではなく、たえず相手の心の動きに配慮しながら「間柄」を生きている。だから「人の目」が気になるのだ。

相手によって引き出される自分

最初の頃とイメージが違う。そんなふうに友だちから言われることがあるという人が多い。親しくなってくるにしたがって、素の自分を出しやすくなってくるため、イメージが違ってくるわけだ。

でも、けっして初対面ではなくけっこう馴染《なじ》んだ相手であっても、相手との関係性によって、出ている自分が違うということもある。たとえば、高校時代の友だちの前での自分と大学の友だちの前での自分が多少違っているというのはよくあることだし、アルバイト先での自分や家族といるときの自分も、さらに違った様子を示しているのがふつうだろう。

親の前での自分と親友の前での自分はかなり違うのだが、いったいどっちがほんとうの自分なのかわからない。クラスの仲間といるときの自分、部活の仲間といるときの自分、家族といるときの自分、バイト先での自分、その場その場で素の自分を出しているつもりなのにちょっとずつ違っているのが不思議だという人もいる。

第3章で場違いな自分を出してしまうのではないかといった不安について触れた際に、僕の提唱する「自己概念の場面依存性」という考え方を紹介した。

これは、ひと言で言えば、自分のイメージは場面によって違ってくるということ。もう少し説明すると、場面によって出しやすい自分が違うということ。言い換えると、自分というのはその場その場で相手との関係性によって引き出されるということである。

間柄を生きている僕たちは、いつも一定の自分を押し出せばよいといった感じに自己中心的に振る舞うわけにはいかない。こんな自分を出したら相手はどんなふうに思うだろうというように、相手の反応を窺《うかが》いながら、どんな自分を出していくかを決めなければならない。

よく知らない相手だと、その判断が難しく、どんな自分を出していけばよいかがわからず、緊張してぎこちなくなる。だから初対面の相手が苦手なのだ。

それと同時に、相手に合わせて自分の出し方を決めなければならないため、場面によって違う自分が出ているのである。僕たちの自分は相手によって引き出されると言ってよい。

人との出会いによって新たな自分に出会うと言われたり、友情や恋愛など深い関係の中で新たな自分を発見すると言われたりするが、それはまさに自分が相手によって引き出されることを意味している。

対人不安のある人の方が人とうまくいく

不安が強いなどといったネガティブ気分が対人関係を良好に保つのに役立つというと、すぐには信じられないかもしれないが、そのことは心理学の実験で証明されている。

この種の研究で言われているのは、不安なときの慎重さが相手に対する配慮など対人関係上のメリットをもたらし、ポジティブ気分は無神経な接し方や強引な接し方につながりやすいということである。そう言われてみれば、なるほどと思えるのではないか。

心理学者のフォーガスは、不安などのネガティブ気分が多くの対人関係上の恩恵をもたらすことを実験によって証明している。つまり、ネガティブ気分の人の方が、ポジティブ気分の人よりも、用心深く配慮し、礼儀正しく、丁寧にかかわれることが示されたのだ。

たとえば、頼み事をする際には、うまく受け入れてもらえるように、相手の気持ちに配慮して、適度に丁寧な頼み方をする必要がある。そんなとき、不安の強い人の方が、用心深く相手の反応を予想し、礼儀正しく、洗練された頼み方をすることがわかった。それに対して、ポジティブ気分の人は、礼儀正しさに欠け、自己主張的な依頼の仕方をする傾向がみられた。

隣のオフィスにファイルを取りに行ってもらう実験でも、ポジティブな気分の人よりニュートラルな気分の人の方が、丁寧で洗練された頼み方をし、さらにネガティブな気分の人の方がよりいっそう丁寧で洗練された頼み方をしていた。

このような実験結果からわかるのは、ネガティブな気分のときは慎重な心の構えになり、相手の気持ちを考えて、嫌な感じを与えないように自分のものの言い方を調整しようとするため、対人関係がうまくいきやすいということである。

さらには、意外かもしれないが、対人不安が相手の気持ちに対する共感能力と関係しているということもわかっている。

心理学者のチビ＝エルハナニたちは、対人不安と共感能力の関係を検討する調査と実験を行っている。その結果、対人不安の弱い人より強い人の方が、他者の気持ちに対する共感性が高く、相手の表情からその内面を推察する能力も高いことが証明されている。

このように、不安が強いということは、用心深さに通じる。それが対人場面では、相手の心理状態に用心深く注意を払うといった心理傾向につながっている。そのため、相手の気持ちを配慮した適切な対応ができるわけだ。

それに対して、不安があまりないと用心深くならず、対人場面でも相手の心理状態に用心深く注意を払うということがなく、相手の気持ちに関係なく自分の都合で一方的にかかわることになりやすい。

たとえば、対人不安の強い人は、人に何か言うときも、「こういう言い方をしても大丈夫かな」「こんなことを言ったら、感じ悪いかもしれない」「こんなふうに言ったら気分を害するかもしれない」「押しつけがましい言い方は避けなければ」「うっかりすると誤解されかねないから、言い方に気をつけないと」などと考え、言葉を慎重に選び、言い方にも非常に気をつかう。

一方、対人不安がない人は、相手がどう受け止めるか、相手がどんな気持ちになるかなど気にせずに、無神経なことを平気で言うため、相手を不快な気分にさせたり、傷つけたり、怒らせたりして、人間関係をこじらせてしまうことがある。

こうしてみると、対人不安が強いのも悪くはないと思えてくるだろう。対人不安のおかげで相手のことに配慮でき、人とうまくやっていけているという面もあることは見逃せない。無神経なことを平気で言う人が周囲から浮いているのは、周りを見ればわかるはずだ。

受容的に話を聞く文化

僕たちは、人と話していて、相手の言うことがちょっと違うのではと思うときも、「それは違うと思う」と即座に反論したりせずに、とりあえず頷《うなず》きながら聞くのがふつうだ。海外の人たちとのやりとりにおいて、そうした姿勢が誤解を招くこともある。

前出の心理学者東は、日米比較研究の際に日本の研究者の態度がアメリカの研究者による誤解を招いたエピソードを紹介している。

それによれば、アメリカ側は、決まったはずなのに日本側が後から別の提案をするといってしばしば苛立《いらだ》つことがあったという。

日本人の感覚では、議論している際に、相手の言い分に即座に反対するのは非礼だという感覚がある。たとえ納得がいかなくても、頷きながらしっかり聞いて、相手の言い分をよく消化して、その後で頭ごなしの否定にならないような言い方で反対提案をするものだという考えがある。ところが、アメリカ側の受け取り方としては、ひとつの主張がなされ、その場で反論されなければ了解されたことになる。そういう思考習慣の違いがあるのだということにお互いに気づくまでは、いくつかの行き違いがあったようだ。

東は、こうした行き違いには、より心理学的な理由もあったかもしれないとして、「アメリカ人は人の話を聞くときに頭の中を自分の考えでいっぱいにして聞くが、日本人はブランクな空間をつくって聞く」という雑談の中でのマーカスの発言を紹介している。

つまり、アメリカ人は、入ってくる意見に常に自分の意見を対置させ、いわばたえず「イエス」「ノー」とチェックしながら聞く態度を身につけているのに対して、日本人は、そうした門番を置かずに、とにかく入ってくる意見をそのまま頭の中のブランクの部分に取り込み、その後で頭の中の別の場所にしまってある自分の意見と照らし合わせるというのだ。

そのため、日本人が頷いて聞いていると、アメリカ人は自分たちの意見に賛同しているものと思い込んでしまう。ところが、頷いて聞いている日本人は、そこのところは言葉としては理解した、とりあえず頭の中には入れたという合図を送っているつもりなだけで、べつに賛同したわけではなかったりする。

このような聞き方を僕たちがするのも、相手の言い分をまずは尊重すべきと思っているからに他ならない。そうした気づかいは、「人の目」を意識する心に発するものと言える。

こうした気づかいの応酬が、お互いを否定せず、攻撃しない、穏やかで思いやり溢《あふ》れる人間関係をもたらす。自分の思うように自己主張する社会で争いごとが絶えないのも、「人の目」を気にしないためと言える。

「人の目」を意識することがマナーの良さにつながる

日本人観光客は、概して海外で評判がいい。世界最大のオンライン旅行会社エクスペディアは、ヨーロッパ、アメリカ（北米・南米）、アジアパシフィックのホテルマネージャーに対して、各国観光客の国別評価調査を二〇〇九年に実施している。その結果、日本は九項目のうち「行儀のよさ」「礼儀正しさ」「清潔さ」「もの静か」「苦情が少ない」の五項目で一位となり、総合評価でも堂々一位、つまり世界最良のツーリストに選ばれている。

たしかに日本国内でも、外国人観光客が傍若無人《ぼうじゃくぶじん》に振る舞ったり、自分勝手な自己主張をするのを見るにつけ、日本人だったらあんな身勝手な主張をする人は少ないだろうなと思う。

海外から訪れた人たちの手記を見るかぎり、遠慮深く、礼儀正しく、攻撃的にならず、可能な限りものごとを平和に解決しようという姿勢は、はるか昔から日本人の中に根づいているようだ。

たとえば、ケンペル、シーボルトと並んで長崎出島の三学者のひとりに数えられるスウェーデン人の植物学者ツュンベリーは、一七七五〜七六年に日本に滞在し、その後まとめた旅行記の中で日本の印象について詳細に記している。

それによれば、日本人ほど礼儀正しい国民はいないという。幼い頃から従順さをしつけられ、年配者もその手本を示す。身分の高い人や目上の人に対して礼を尽くすのはもちろんのこと、身分が対等の者に対しても、出会ったときや別れるとき、訪問したときや立ち去るときに、丁寧なお辞儀で挨拶を交わす。そのように記されている。

また、日本で商取引をしているヨーロッパ人の汚いやり方やその欺瞞《ぎまん》に対して、ヨーロッパ人だったら思いつくかぎりの侮り、憎悪そして警戒心を抱くのが当然と思われるような場面でも、日本人は非常に寛容で善良であることに、しばしば驚かされたとも記されている。

時代をさらに遡《さかのぼ》り、安土桃山時代に相当する一五七九年から一六〇三年にかけて、三度日本を訪れ滞在したイタリア人宣教師ヴァリニャーノも、日本人はだれもがきわめて礼儀正しく、一般の庶民や労働者でさえも驚嘆すべき礼節をもって上品に育てられ、あたかも宮廷の使用人のようであり、礼儀正しさに関しては東洋の他の民族のみならずヨーロッパ人よりも優れていると記している。

日本人は、一切の悪口を嫌悪し、それを口にしないため、日本人の間には争い事が少なく平穏が保たれている。子どもたちの間でさえ、聞き苦しい言葉は口にしないし、ヨーロッパ人のように平手や拳で殴り合って争うようなことはない。極めて儀礼的な言葉をもって話し合い、とても子どもとは思えないような冷静さと落ち着いた態度が保たれ、相互に敬意を失うことはない。これはほとんど信じられないほどである。日本人は、さまざまな点でヨーロッパ人に劣るものの、優雅で礼儀正しく理解力があるという点においては、ヨーロッパ人を凌《しの》ぐほど優秀であることは否定できない。そのような記述もある。

なぜ日本人はそれほど礼儀正しいのか。それは、「人の目」を気にするからだ。「みっともないことはできない」「人から後ろ指を指されるようなことをしてはいけない」「不《ぶ》様《ざま》な生き方はできない」などと思うからである。

「人の目」を気にする日本人などと自嘲気味に言う人がいるが、「人の目」を気にしない方が、よほどタチが悪い。「人の目」を気にしないことが、傍若無人な振る舞いにつながっている。

もちろんどの国民にも大きな個人差はあり、日本人にも身勝手な人物や人との争いごとが絶えない人物もいるだろうが、その比率が欧米人と比べてはるかに少ないのは事実である。「人の目」に見苦しく映るような行動はしたくない、みっともないことはできないといった感受性が、身勝手な行動にブレーキをかけていると言ってよいだろう。それによって、世界で最も治安が良いと言われるほどに、社会の秩序が保たれているのである。

第5章　「人の目」を活かし、「対人不安」を和らげる方法

「人の目」をほどほどに気にする

前章では「人の目」を気にすることの効用について指摘したが、何ごとも行きすぎは禁物だ。適度に気にすることが、他人へのきめ細かな配慮につながり、人づきあいを良好に保つコツにもなっている。

「人の目」をまったく気にしない人は、自己モニタリングができないため、人に不快感を与えたり、呆《あき》れられたりして、周囲から浮いてしまう。

だが、「人の目」を気にしすぎると、自分自身を苦しめることにもなり、またぎこちなさが人を遠ざけることにつながったりもする。

ほどほどに「人の目」を気にすることが大切だ。そこで覚えておきたいのが、人は他人のことをそれほど気にしていないということだ。

それは、自分自身のことを思い出してみればわかるはずだ。友だちと二人でしゃべっているとき、あるいはみんなでワイワイやっているとき、自分の発言が適切だったかどうかが気になって仕方がない。変なことを言ったかもしれない、場違いなことを言っていないだろうか、気分を害したりしていないだろうかと気になる。

そのようなときは、自分のことで精一杯で、他人のことをいちいち気にしている心の余裕はない。「いや、そんなことはない。友だちのことが気になって仕方がないのだ」と思うかもしれない。

たしかに友だちのことが気になるのは事実だろうが、それは友だちがこちらのことをどう思っているかが気になっているわけで、友だちの発言や態度の適切さを評価しているわけではない。友だちの目に映る自分の姿が気になるのであって、友だちのことが気になっているのではない。

だれでも自分に対する関心がとても強い反面、他人については案外気にしていない。自分が気にするほどには他人はこちらのことを気にしてはいないものなのである。

ゆえに、相手の態度が素《そ》っ気《け》なく感じられ、「気分を害しちゃったかも」「嫌われてるのでは」「自分と一緒にいてもつまらないんじゃないか」などと気になってしまうようなときも、「何か気がかりなことでもあって上の空になってるのかも」「気持ちに余裕がないのでは」などと思えばいい。それによってこちらの気持ちに余裕が生まれる。

気をつかうのは相手も同じ

さらに気づくべきことがある。それは、こちらだけでなく相手も気をつかっているということだ。

「間柄の文化」で自己形成してきた僕たち日本人は、人とかかわる際に、「傷つけるようなことを言ってはいけない」「不快な思いをさせてはいけない」「退屈させてはいけない」「負担をかけてはいけない」などと絶えず気をつかう習性を身につけている。

ゆえに、こちらがそのように気をつかっているのと同様に、向こうもこちらに気をつかっている。いわば、相手にも気をつかわせているのである。

こちらが「こっちのことをどう思ってるんだろう」「好意的に見てくれてるだろうか」「自分と話しててもつまらないんじゃないか」などと不安に思っているとき、じつは相手も同じようにこちらからどう思われているかが気になっているのである。

そこに気づくことが必要だ。自分のことにばかりとらわれずに、相手に目を向けてみる。すると、目の前の相手もこちらと同じように対人不安を抱え、気をつかっていることがわかる。そこで大切なのは、相手の対人不安を和らげてあげることだ。

どう和らげたらよいのか。それは、相手がこちらと同じように気をつかっていると思えば、容易に想像がつくだろう。こちらが好意的な態度を示したり、楽しそうな様子を見せたりすることで、相手の抱える対人不安は大いに和らぐはずだ。

「自分なんか面白い人間じゃないし、一緒にいたってつまらないんじゃないか」「気の利いたことを言わないとつまらないヤツって思われる」「うっかりホンネを出して、そんなこと考えてるのかと呆れられたら嫌だ」「何を話したらいいかわからない」「軽く見られたくない」「バカにされたくない」「嫌なヤツだって思われたら困る」などと対人不安に脅かされていると、なかなか素の自分を出しにくくなる。

でも、素を出さずに着飾ったよそ行きの自分を出していると、自分がきつくなる。ずっと着飾っていなければならないのも疲れるし、素の自分を出せないのもきつい。ウケ狙《ねら》いの言葉を発するだけで、ほんとうに気になっていることを話せないのが虚《むな》しいという人もいるが、それも同じ心理メカニズムだ。それではほんとうに親しい友だち関係にはなれない。

それに、こちらが無理をして着飾っていると、相手も無理をして着飾らなければならない。一方がよそ行きの装いなのに、他方が普段着だと、どうにも釣り合いが取れない。相手が型を崩さなければ、こちらも型を崩しにくい。相手が素を出さなければ、こちらも素を出しにくい。いつまでたってもお互いに過度に気をつかったり、背伸びしたり、遠慮したりしてつきあわなければならない。それは疲れる。

どうしたらそんな行き詰まりから脱することができるか。それは、こちらから一歩踏み出すことだ。

思い切って素の自分を出してみたら、相手も素の自分を出してくれ、親しくなれた、心配することはなかったのだと思った。そのようなことが多い。

自己開示というのは好意や信頼のあらわれとみなされ、自己開示を受けた側は「自分が好意的にみられている」「自分は信頼されている」と感じることができ、嬉《うれ》しいばかりでなく、お返しに自己開示をしたくなるということが、心理学の研究によってわかっている。

相手もこちらと同じように対人不安を抱えているのだから、その不安を和らげてあげるために思い切って自己開示をしてみる。素の自分を出してみる。そうした勇気を出すと、たいていは報われるものだ。

だれもが対人不安を抱えているということを心に留めておく

このように対人不安を抱えている人はとても多い。というよりも、「間柄の文化」を生きる僕たち日本人のすべてが対人不安を抱えていると言ってもよい。そのことを心に留めておくだけで気持ちが楽になる。

自分はちょっとおかしいのではないか、ノイローゼなのではないか、コミュ障（コミュニケーション障害）なのではないか、こんな自分は嫌だ、などと思っていたが、多くの人が同じような感覚をもっていることを知ってホッとしたという人が非常に多い。

学生たちに対人不安のことを話し、それが日本人に共通の心理傾向だと説明すると、ほとんどの学生が自分だけじゃないんだとわかって気が楽になったという。実際、つぎのような声があった。

「他の人たちも人からどうみられるか不安なんだ、自分だけじゃないんだと思うと、少しホッとした。自分だけ特別のように思って、萎縮しすぎていたことに気がついた」

「対人不安はみんなが抱えていると知ってびっくりした。私はそのような不安が強かったので、救われた気分だ」

「自分みたいな感受性をもつ人間が日本人にはたくさんいると知り、少し安心しました。これからはもう少し積極的に人とかかわれそうな気がしてきました」

「相手もこっちのことを気にしている。変に思われるんじゃないか、気分を害したんじゃないか、嫌われるんじゃないか、つまらないんじゃないか、といった不安を抱えている。そして、素の自分を出せないもどかしさを感じている。そういう視点をもつことは、お互いにホンネを出し合える関係を築く上でとても重要だと思いました」

「自分だけじゃなくて、相手も対人不安を抱えているんだって言われて、そういえば私が思い切って声をかけると、うれしそうな顔をしてくれることが多いのを思い出した。これからは相手の不安を和らげることを意識して、積極的に声をかけていきたい」

「相手も自分と同じように対人不安を抱えている。だから、自分の不安にばかりとらわれているのではなく、相手の不安を和らげることで、お互いに安心してホンネでつきあえるようになる。このことに気づけたのは大きい。これからは相手の言うことにしっかりうなずいたり、笑顔になったり、自分のホンネも出してみたり、相手の対人不安を和らげることを意識していきたい」

自分だけが特殊なのではない、みんなも同じく対人不安を抱えているのだ。このよう

な視点をもつことで、気持ちは楽になり、友だちづきあいに積極的になれるはずだ。

「人の目」に映る自分より、相手そのものを見る

対人不安の強い人は、相手にとても気をつかう。相手のことに配慮することは、人間関係を良好に保つうえで大切なことだが、対人不安が強いと、相手のことを気にしているつもりでありながら、じつは自分のことしか眼中になかったりする。

本章の冒頭で指摘したように、それは相手のことを気にしているのではなく、相手の目に映る自分の姿が気になって仕方がないのだ。結局のところ、相手に対する関心が薄く、自分にばかり関心が向いている。そのため、どう思われているだろうかと不安になる。

自分は「人の目」を気にしすぎるから対人不安に悩まされるのだということがわかっていても、どうしても気にしてしまう。「人の目」を気にせずにいられない。結局のところ、対人不安というのは自意識の問題なのである。

僕は、とてもそそっかしいので、たまに靴を履き違えることがある。左足が履いている靴と右足が履いている靴の種類が違うのだ。左足が履いている靴が茶色で、右足が履いている靴が黒だったりする。

家を出て駅に向かって歩いている途中で気づけばよいのだが、電車に乗り、座席に座っているときに、ふと自分の足元を見て、履き違いに気づいたときなどは、大いに動揺する。何とも言えないばつの悪さを感じる。向かい側の人たちに対して、どうかこっちの足下を見ないでくれと祈るような気持ちになり、座席に座っていても浮き足だった感じになる。

だが、気づく直前までは、平穏な気持ちで、読書などしながら堂々と座っていたのである。自分で意識したことによって、気持ちの動揺が生じたわけである。

靴を履き違えているという客観的な事実があったとしても、気持ちが動揺するかどうかは自意識しだいなのである。ましてや対人不安のような客観的事実に基づかない心理現象の場合は、すべて自意識にかかっていると言ってよい。

自分自身に意識を集中することを自己注視という。自分を振り返ることは不適切な言動をなくすために必要だが、自己注視が行きすぎると不安が強まりすぎて、ぎこちなくなりやすい。

心理学の実験でも、自己注視が対人不安を高めることが証明されている。また、自己注視は、対人状況で人から見られていることを意識すると強まり、他者に注目すると弱まることもわかっている。

そこで大事なことは、相手そのものに関心を向けることだ。相手の様子に目を向けながら、相手の話に耳を傾ける。そうすると、「自分と趣味が同じだ」「けっこう自分と似たところがあるな」「感受性が自分とずいぶん違うな」「そういうふうに思ってるんだ」「そんな悩みがあるんだ」などと新たな発見があり、相手のことがよくわかってくる。「なんだか疲れてそうだな」「ちょっと元気がないなあ」「とても嬉しそうだな」などと相手の様子からその気持ちを察することができれば、気持ちの交流がもちやすくなる。

よくわからない相手を目の前にすると不安になるが、理解が深まると安心してかかわれるようになる。そうしているうちに対人不安がいつの間にか和らいでいるものである。

相手もまた自分と同じように対人不安が強く、こちらからどう思われているかをとても気にしていることがわかったりもする。そんなときは、その不安を和らげてあげるように心がける。

このように、自分のことにばかりとらわれずに、相手の思いを共有し、相手の問題を一緒に考えてあげるなど、相手に気持ちを向けること。自己中心的な視点から抜け出し、相手そのものを見ようとすること。それが対人不安を和らげるコツだ。

気をつかうのは自分の強みと考える

対人不安が強く、人づきあいに消極的になっている人は、人に気をつかって神経をすり減らす自分に対して否定的なイメージをもつ傾向がある。そのため気持ちが委縮してしまう。

そこは発想の転換が必要だ。自分は人に気をつかって疲れてばかりでどうしようもないととらえるのではなく、自分は人のことをきちんと気づかうことができるというようにとらえるのである。

どうしたら「人の目」を気にしないですむようになれるかと考えるのでなく、「人の目」を気にする自分の良さを活かそうと考えるのだ。

人のことなど眼中になく、自分勝手な行動を取る人物もいる。そんな人物が身近にいたら、だれでも不愉快なはずだ。あんな身勝手な人とはできるだけかかわりたくないと思うだろう。

一方、こちらのことをとても気づかってくれる人物といると、気持ちが安らぐ。ときに気をつかわせていることを申し訳なく思うこともあるだろうが、けっして悪い印象にはならない。

人に気をつかいすぎる自分を肯定的にとらえるために、「自己中心の文化」と「間柄の文化」の価値観の違いを思い出してほしい。

欧米のような「自己中心の文化」では、自分の思うように行動すべきであり、人に影響を受けるのは「個」として自立していないことになり、未熟であるとみなされる。

それに対して、「間柄の文化」では、つねに人の気持ちや立場に配慮して行動すべきであり、人のことを配慮できないのは未熟であるとみなされる。

人を気づかうことを、「人に影響を受ける」というと否定的な印象になるが、「人のことを配慮できる」というと肯定的な印象になる。

自分勝手にならずに人のことを気づかえるのが成熟の徴《しるし》であり、相手との間柄を大切に思うからこそ気をつかうのだ。そのように考えれば、人に気をつかいすぎる自分を肯定的に受け止めることができるだろうし、「人の目」を活かすこともできるはずだ。

合わない人がいるのは仕方がない

「人の目」を気にしすぎて苦しく感じる人は、だれからもよく見られたいという思いを抱えていることが多い。

「そんなことはない。私は、人から好かれるタイプじゃないし、よく思われようなんて思わないけど、「人の目」が気になって苦しい」という人もいるかもしれない。

そのような人のために言い換えると、「人の目」を気にしすぎて苦しいという人は、人とうまくやっていきたいという気持ちが強い。だから、気をつかいすぎて疲れるのだ。人からどう思われてもいい、うまくやっていけなくてもいいというなら、気をつかいすぎて疲れることもない。だが、それでは当然のことながら人間関係はうまくいかない。

そこで大事なのは、だれとでもうまくやっていこうなどとは思わず、どうしても合わない相手がいるのはやむを得ないと開き直ることだ。

人それぞれに素質も違えば生い立ちも違う。ものの見方や感受性も違う。価値観も違えば、ものごとの優先順位も違う。人生観も人間観も違う。ゆえに、合う人もいれば合わない人もいる。それは仕方のないことだ。

だれとでもうまくやっていかなければと思うと、気をつかいすぎて気持ちが委縮してしまう。自他の違いを受け入れ、人それぞれに個性があるのだし、理解し合えない相手もいるものだと思えば、「人の目」を過度に気にしなくてすむようになる。みんなにいい顔をしようとするから、気をつかいすぎて疲れるのだ。

できるだけだれとでもうまくやっていきたいけど、合わない人がいるのはしようがない。そのように考えるようになったら、気持ちが楽になり、人づきあいが以前ほど苦でなくなったという人もいる。

合わない人がいるのは仕方がないと開き直ったら、どう思われるかが前ほど気にならなくなり、素の自分を出しやすくなって、親しい友だちができたという人もいる。

SNSから離れる時間をもつ

対人不安を和らげるためには、SNSから離れる時間をもつことも大切だ。

SNSは、「どう思われるだろうか？」と気にしなければならない相手を大量に増やす道具と言える。しかも、そうしたSNSでつながっている何人もの相手のことを、学校にいるときだけでなく、通学途上でも、帰宅してからも、どこにいても何をしていても、四六時中気にしていなければならない。

文字だけのコミュニケーションであり、表情も声の調子もわからないため、文章に素っ気なさを感じて不安になったり、絵文字がないだけで気になってしまったりする。相手は単に時間がないために必要最小限の返事をしただけで、否定的な感情など何もないかもしれないのに、気になって仕方がない。こうしたことが起こるのも、SNSで絶えずつながっているからだ。

さらには、SNSで絶えず多くの相手とつながっているせいで、あらゆる行動が承認欲求に支配されてしまう。

友だちの数や「いいね」の数が数字として可視化されるようになったため、そうした数字を気にする風潮もある。友だちの数で評価されるといった感受性を植えつけられることにより、できるだけ多くのつながりをもとうと必死になる。「いいね」の数を増やすために、しょっちゅうウケそうな発信をする。「いいね」があまりつかないと、意気消沈する。

このように、SNSに巻き込まれることで、手に負えないほど多くの「人の目」を意識しなければいけなくなる。

ウケ狙いの発信をしようという気持ちが災いして、嫌味な投稿になったり、見栄を張ってるのを見抜かれたりすることもある。

インスタ映えなどという言葉も用いられるようになったが、自分がいかにお洒落《しゃれ》な暮らしをしているか、幸せな日々を送っているかを見せびらかすように、競うように写真投稿をしている人もいる。

それを見て、羨《うらや》ましいと思うとともに自分がみじめになるという人もいるが、投稿された一連の写真に不自然さを感じて、無理してお洒落に見せかけたり、幸せを装ったりしているのだろうと同情気味に言う人もいる。実際、恋人もいないのにまるでいるかのような書き込みをしたり、幸せを装うためにお金を払って友だち役や恋人役を演じてもらったりすることさえあるようだ。

だが、そんなことをやればやるほど、自分に自信がなくなってくる。自信がないため、「人の目」に縛られ、ますます承認を得ようと必死になる。まさに悪循環だ。

自分自身が承認欲求の虜《とりこ》になって、自分の生活の充実をひけらかすような写真を投稿するのに必死になり、それに対する「いいね」の数や友だちの反応ばかり気にしていたが、そんな毎日が面倒になってやめたら、気持ちがすっきりして、自分を取り戻すことができたという人もいる。

「人の目」を適度に気にすることは大切だが、SNSで多くの人とつながることで、「人の目」にがんじがらめにされ、疲弊してしまう。そうなると人づきあいが苦痛になり、対人不安の深刻度が増していく。ストレスを軽減するためにも、対人不安を和らげるためにも、SNSから遠ざかり、「人の目」から解放された時間をもつことが必要である。

公言することで理想に近づく

「人の目」が気になる自分の性格を活かす方法のひとつとして、なりたい自分や自分の目標を公言するというものがある。

この問題集を一カ月でやってしまおうと密《ひそ》かに決めていても、友だちから遊びに誘われることが重なったりすると、つい遅れてしまい、そのうち「予定よりずいぶん遅れてしまったな。まあ、いいか」と、容易に諦《あきら》めることになりがちだ。

でも、その目標を親に公言した場合は、「一カ月でやるって言ってたじゃない。あれは嘘《うそ》だったの」と言う親の姿が思い浮かんでくるため、「何とかやってしまわないと」といった思いになり、そう簡単に諦めることができない。

ズボンやスカートのウエストがきつくなり、「まずいな、ちょっとダイエットをしないと」と思っても、おいしそうなケーキやクッキーがあると我慢できず、「食べ過ぎなければ大丈夫」と心の中で自分自身に言い訳しながら、毎日のように食べてしまう。

そんなときは、周囲の仲間に対して、「スカートのウエストがきつくなっちゃったから、ダイエットして引き締めるんだ」と公言してしまえば、「なんだ、全然ダイエットできてないじゃん」「また甘いもの食べるの？　ダイエットするんじゃなかったの？」などと言われたくないため、ある程度我慢することができる。

フリをすることで「なりたい自分」に近づくというのも、「人の目」の有効な利用法の一つだ。自己呈示についての心理学実験が、そのヒントを与えてくれる。

心理学者タイスは、偽りの自己呈示をすることによって、自己概念が自己呈示した方向に変化することを証明している。その実験では、まず情緒的に安定した人物、あるいは情緒的に過敏な人物を装わせ、その後に自分の性格を評定させている。その結果、情緒的に安定した人物を装った人の方が自分自身を安定しているとみなしていることが示された。

また、内向的な人物、あるいは外向的な人物を装わせる実験では、内向的な人物を装った人の方が自分自身をより内向的であるとみなし、外向的な人物を装った人の方が自分自身をより外向的であるとみなす傾向があることが確認された。

これは、自己中心の文化においては、自己の一貫性を保とうとする心理ゆえに、自己呈示した方向に自己概念が変化したのだとみなされる。

だが、間柄の文化において自己形成した僕たちの場合は、「人の目」を意識するために、自己呈示した方向に自分自身が変わっていくのだとみなすのが自然だろう。
「あの人からは情緒的に安定した人とみられている」と思えば、情緒不安定な面は見せにくくなる。「周囲からは外向的な人間とみられている」と思えば、多少無理をしてでもがんばって外向的に振る舞おうとするだろう。そうしているうちに、徐々にほんとうに情緒的に安定してきたり、外向的な行動が取れるようになってきたりする。

不安のもつポジティブ・パワーに目を向ける

第4章で、心理学者フォーガスの実験を紹介した。それは、隣のオフィスにファイルを借りに行ってもらう実験だが、楽しい気分の人よりニュートラルな気分の人の方が丁寧で洗練された頼み方をすること、さらにはネガティブな気分の人の方がよりいっそう丁寧で洗練された頼み方をすることが確認された。

そこからわかるのは、ネガティブな気分のときは慎重な心の構えになり、相手の気持ちを考えて、嫌な感じを与えないように自分のものの言い方を調整しようとするということだ。そのため対人関係がうまくいきやすい。ポジティブな気分の人は、不安がないために、相手の気持ちに対する配慮を欠き、つい失礼な頼み方をしてしまったりする。ネガティブな気分が対人認知の正確さをもたらすことも、フォーガスたちの心理学実験により証明されている。それは、気分によって後光効果の影響の受け方に違いがあるかどうかを調べた実験である。

後光効果というのは、「後光がさす」という言葉があるように、何か一点光るものがあるとまぶしくなり全体が光っているようにみえることを意味する。

たとえば、服装が立派だと社会的地位の高い人だと思ってしまったり、肩書きが立派だと有能な人だと思ってしまったりするのも、後光効果の一種と言える。

その実験では、エッセイの書き手として普段着の女性の写真を添付した場合と、ツイードのジャケットを着てメガネをかけた重厚な雰囲気の男性の写真を添付した場合を比べて、同じ内容のエッセイであるにもかかわらず、後者の場合の方がエッセイの出来栄えを高く評価されるという後光効果が用いられた。

その結果、ネガティブな気分の人よりもポジティブな気分の人の方が、後光効果の影響を受けやすいことが確認された。

つまり、ポジティブな気分の人は、後光効果の影響を受けやすく、見かけの良し悪しで相手の能力を評価する傾向が強い。それに対して、ネガティブな気分のときは慎重になりやすいため、後光効果の影響をあまり受けない。

こうしてみると、対人不安があるのはそれほど悪いことではないとわかるだろう。不安のおかげで慎重になるため、失礼な言動を取ることが少なく、相手の様子もしっかり観察でき、人とうまくかかわっていけるという面があるのだ。

ありのままの自分を受け入れる

友だちが無神経なことを言ったら、いちいち傷ついたりせずに、「いろんな人間がいるし、性格的に繊細な配慮ができないんだろうな」と思えばいい。友だちから嫌なことを言われたら、「何か怒らせるようなことを言っただろうか」と気に病んだりせずに、

「きっと虫の居所が悪いんだろう」と思えばいい。

そのように聞き流せるようになれば、人づきあいに過度に不安を感じることはなくなる。だが、それができないと対人不安に悩まされることになりがちだ。なぜできないかといえば、自己受容ができていないからだ。自己受容ができていれば、多少嫌なことを言われても、嫌な態度を取られても、深刻に受け止めずにすむため、それほど痛手をこうむることはない。

そう言われても、自分は友だちが多いわけではないし、特別勉強ができるわけでもないし、スポーツが得意なわけでもないし、自分に自信などもてるわけがないと思うかもしれない。だが、自己受容というのは、能力や性格に自信をもって、自分はすばらしいと思ったり、申し分ないと思ったりすることではない。

自分には長所ばかりでなく短所もある。能力的にも人間的にもまだまだ未熟なところだらけだ。思い通りにならずにイライラしたり落ち込んだりすることもあり、挫折感に苛《さいな》まれることもある。それでも、めげずに頑張っている。前向きに生きようと思っている。そんな自分を認めてあげる。自己受容というのは、言ってみればそんな感じだ。

過去への態度と対人不安の関係について検討した僕の調査研究では、自分の過去にとらわれ、よく後悔し、消したい過去があり、過去をよく思い出し、思い出すととても嫌な気分になる出来事があり、過去に戻りたいと思い、書き換えたい出来事がある人ほど、対人不安が強いことが明らかになった。また、自分の過去に満足しており、自分の過去が好きで、明るい思い出が多い人ほど対人不安は弱かった。

つまり、自分の過去を受容できていれば対人不安は弱く、受容できていないと対人不安が強い。

ゆえに、対人不安を克服するには、人生いろいろあるものだと、ある意味では開き直って、自分の過去に対する拒否的態度やとらわれから解放されるべく、思い通りにならなかった嫌な出来事や嫌な時期も含めて自分の過去を素直に受け入れることが必要と言える。

思い通りにならないことだらけなのは自分だけではない。だれだって人生はなかなか思い通りにならないものなのだ。思い出すと嫌な気分になる出来事がいろいろあるのがふつうだ。それでも前向きに生きようと頑張っている自分。そんな健気《けなげ》な自分を受け入れる。それならできるのではないだろうか。

おわりに

対人不安などというと、何だか深刻な心の病気の話みたいに思うかもしれないが、じつはだれもが心の中に抱えているものだということがわかっただろう。

そして、対人不安というのは、けっして否定すべきものではなく、そうした感受性があるからこそ、人の気持ちを配慮した行動がとれるのだということもわかったはずだ。「間柄の文化」において自己形成してきた僕たち日本人は、だれもが他者から切り離された個を生きているのではなく、人との間柄を生きている。だからこそ「人の目」が気になり、人に対して気をつかう。

対人不安も、そうした気づかいの中で生まれる心理とみることができる。対人不安があまりない人は、周囲の人の立場や気持ちを配慮することなく思ったままを口にするため、だれかを傷つけたり、周囲の人たちを慌てさせたりしがちである。その意味では、対人不安のおかげで人とうまくつき合っていけるのだと言ってもよいだろう。

そうは言うものの、対人不安にたえず脅かされていては身がもたないし、人づきあいに消極的になってしまう。何ごともほどほどがよい。

人づきあいに伴う気疲れについて、あれこれ思いをめぐらすことができただろうか。僕自身も対人不安とともに生きてきた。人づきあいには気をつかうし、もうちょっと気楽につき合えるようになれたらいいのにと思うこともあった。でも、人の気持ちにまったく無頓着な人を見ると、あんなふうにはなりたくないなと思ったものだ。自分なりの対人不安とのつきあい方を模索するのに、本書が少しでも役に立つことを願っている。

最後に、このようなテーマで執筆する機会を与えてくれた筑摩書房の北村善洋さんとタナカダイ事務所の田中大次郎さんに心からお礼を申し上げたい。

二〇一七年一二月一二日

榎本博明

ちくまプリマー新書

236
〈自分らしさ〉って何だろう？
――自分と向き合う心理学
榎本博明
青年期に誰しもがぶつかる〈自分らしさ〉の問題。答えを見出しにくい現代において、どうすれば自分らしく生きていけるのか。「自己物語」という視点から考える。

238
おとなになるってどんなこと？
吉本ばなな
勉強しなくちゃダメ？　普通って？　生きることに意味はあるの？　死ぬとどうなるの？　人生について、生まれてきた目的について吉本ばななさんからのメッセージ。

079
友だち幻想
――人と人の〈つながり〉を考える
菅野仁
「みんな仲良く」という理念、「私を丸ごと受け入れてくれる人がきっといる」という幻想の中に真の親しさは得られない。人間関係を根本から見直す、実用的社会学の本。

207
好きなのにはワケがある
――宮崎アニメと思春期のこころ
岩宮恵子
宮崎アニメには思春期を読み解くヒントがいっぱい。物語は、言葉にならない思いを代弁し、子どもから大人への橋渡しをしてくれる。作品に即して思春期を考える。

222
友だちは永遠じゃない
――社会学でつながりを考える
森真一
親子や友人、学校や会社など固定的な関係も「一時的協力理論」というフィルターを通すと、違った姿が見えてくる。そんな社会像やそこに見いだせる可能性を考える。

ちくまプリマー新書

262
レジリエンス入門
——折れない心のつくり方
内田和俊
人生には心が折れやすくなる時期がある。どうすればそれを乗り越え、成長できるのか。心の自然治癒力＝「レジリエンス」を高め、たくましく生きる方法を伝える。

183
生きづらさはどこから来るか
——進化心理学で考える
石川幹人
現代の私たちの中に残る、狩猟採集時代の心。環境に適応しようとして齟齬をきたす時「生きづらさ」となって表れる。進化心理学で解く「生きづらさ」の秘密。

186
コミュニケーションを学ぶ
高田明典
コミュニケーションは学んで至る「技術」である。状況や目的、相手を考慮した各種テクニックを解説し、スキルを身につけ精神を理解するための実践的入門書。

053
物語の役割
小川洋子
私たちは日々受け入れられない現実を、自分の心の形に合うように転換している。誰もが作り出し、必要としている物語を、言葉で表現していくことの喜びを伝える。

273
人はなぜ物語を求めるのか
千野帽子
人は人生に起こる様々なことに意味付けし物語として認識することなしには生きられません。それはどうしてなのか？　その仕組みは何だろうか？

ちくまプリマー新書293

「対人不安《たいじんふあん》」って何《なん》だろう？　友《とも》だちづきあいに疲《つか》れる心理《しんり》

二〇一八年二月十日　初版第一刷発行

著者　榎本博明（えのもと・ひろあき）

装幀　クラフト・エヴィング商會

発行者　山野浩一

発行所　株式会社筑摩書房
東京都台東区蔵前二－五－三　〒一一一－八七五五
振替〇〇一六〇－八－四一二三

印刷・製本　株式会社精興社

ISBN978-4-480-68997-9 C0211 Printed in Japan
©ENOMOTO HIROAKI 2018

乱丁・落丁本の場合は、左記宛にご送付ください。
送料小社負担でお取り替えいたします。
ご注文・お問い合わせも左記へお願いします。
〒三三一－八五〇七　さいたま市北区櫛引町二－六〇四
筑摩書房サービスセンター　電話〇四八－六五一－〇〇五三
本書をコピー、スキャニング等の方法により無許諾で複製することは、法令に規定された場合を除いて禁止されています。請負業者等の第三者によるデジタル化は一切認められていませんので、ご注意ください。